OEUVRES

COMPLÈTES

DE BERQUIN.

6

PARIS, IMPRIMERIE DE E. POCHARD,
RUE DU POT-DE-FER, N° 14.

En vérité, mon papa, je crains de n'avoir pas la force d'en faire la lecture.

OEUVRES
COMPLÈTES
DE BERQUIN

NOUVELLE ÉDITION
REVUE ET CORRIGÉE
PAR M. F. RAYMOND
AVEC UNE NOTICE SUR BERQUIN
PAR
M. BOUILLY
Auteur des *Conseils à ma Fille*, etc.

Ornée de quarante jolies Gravures.

><

AMI DES ADOLESCENS.
TOME II.

PARIS
MASSON ET YONET, LIBRAIRES,
RUE HAUTEFEUILLE, N° 14.

1829

LA SOEUR-MAMAN,

Drame.

IMITÉ DE L'ANGLAIS.

PERSONNAGES.

M. DE SAINT-VINCENT.
AGATHE,
SOPHIE,
DOROTHÉE,
ÉDOUARD,   } ses enfans.
PORPHIRE,
JULIE,
CÉCILE,

HORTENSE, amie d'Agathe.
UN DOMESTIQUE.

La scène se passe dans un salon de la maison de M. de Saint-Vincent.

L'AMI
DES
ADOLESCENS.

LA SOEUR-MAMAN,

Drame.

ACTE PREMIER.

SCÈNE PREMIÈRE.

M. DE SAINT-VINCENT, AGATHE.

(M. de Saint-Vincent est assis vis-à-vis sa fille, auprès d'une table où ils déjeûnent.)

M. DE SAINT-VINCENT.

Donne-moi une autre tasse de café, Agathe. Je veux sortir.

AGATHE.

Quoi! déjà mon papa? Vous ne faites que d'arriver cette nuit d'un grand voyage, et vous n'avez pas encore vu tous vos enfans.

M. DE SAINT-VINCENT.

Je les verrai ce soir. J'ai besoin d'aller au dehors dissiper mes chagrins.

AGATHE.

Ne voulez-vous pas au moins vous donner le temps de goûter quelque repos?

M. DE SAINT-VINCENT.

Quel repos veux-tu que je goûte dans une maison où je ne vois que du désordre, où je n'entends que du bruit, où rien ne me rappelle que des idées affligeantes? Quelle a été ma faiblesse de me laisser engager dans un train de vie qui détruit mon bonheur et ma fortune! Il n'est pas de jour où l'on ne me présente des mémoires énormes. Mes revenus ne sont pas assez considérables pour suffire à les acquitter.

AGATHE.

Peut-être y aurait-il quelque moyen de prévenir désormais une partie de vos dépenses. Depuis un mois que je suis de retour à la maison, après une absence de tant d'années, j'ai eu occasion de m'apercevoir qu'il régnait ici un gaspillage affreux, occasioné sans doute par la mauvaise santé de maman.

M. DE SAINT-VINCENT.

Oui, c'est d'elle seule que proviennent tous mes

embarras. Ne faut-il pas encore que je lui envoie chaque mois une grosse somme pour vivre dans nos provinces méridionales? Son état achèvera de me ruiner.

AGATHE.

Eh! mon papa, maman n'en est que plus à plaindre. Pouvez-vous lui faire un crime de sa maladie?

M. DE SAINT-VINCENT.

Non, ma fille, je suis touché de ses maux. Mais mon esprit est si occupé de la situation fâcheuse de mes affaires, qu'il m'échappe malgré moi des réflexions chagrines dont je suis honteux.

AGATHE.

Eh bien! faisons-nous une loi de vivre d'une manière plus conforme à vos moyens. Pour moi, mon papa, soyez sûr que j'emploierai tous mes efforts pour vous seconder. Élevée près de ma tante, j'ai pris dans sa maison des règles d'ordre et d'économie que je pourrai mettre en pratique dans la vôtre; et j'ai déjà formé un projet qui peut d'abord vous soulager d'un grand fardeau.

M. DE SAINT-VINCENT.

Voyons, ma chère Agathe.

AGATHE.

Deux de mes sœurs sont dans une pension extrêmement chère. En les rappelant auprès de vous, je puis me charger de leur instruction, et les mettre bientôt en état de rendre le même service aux plus jeunes. Je viens de les envoyer chercher pour vous voir. Si vous voulez me le permettre, je leur ferai part de mon projet, et je les engagerai par les plus vives instances à y concourir.

M. DE SAINT-VINCENT.

Tu m'enchantes, ma chère fille, par ces sages dispositions. Je crains seulement qu'une entreprise si pénible ne soit au-dessus de tes forces. Quoi qu'il en soit, je m'abandonne à tes idées et à ton courage. Fais absolument comme tu l'entendras. Mais, de quelque manière que ce puisse être, il faut que mes dépenses soient restreintes en des bornes plus étroites, sinon je me vois ruiné sans ressource. Adieu, ma chère fille, je te reverrai encore ce soir.

AGATHE.

Vous ne voulez donc pas dîner avec nous, mon papa? Considérez, je vous en supplie, combien de temps j'ai été privée de votre présence. D'ailleurs, elle m'est absolument nécessaire aujourd'hui, si vous adoptez mon projet, pour me donner de la consistance dans la maison, et affermir l'autorité que vous daignez me confier. Passez au moins cette journée avec nous, mon papa, je vous en conjure.

M. DE SAINT-VINCENT.

O ma chère Agathe, tu as une manière de parler si engageante! aurais-je le cœur de te refuser?

AGATHE.

Vous voulez donc bien vous rendre à ma prière?

M. DE SAINT-VINCENT.

Oui, ma fille; puisque tu le désires, je consens à rester ici. Mais, accoutumé à voir autour de moi une compagnie nombreuse, à me livrer avec elle à des plaisirs bruyans, comment pourrai-je me plaire à la solitude de ma maison?

AGATHE.

Vous ne serez pas seul, mon papa ; vous aurez autour de vous tous vos enfans.

M. DE SAINT-VINCENT.

Et ce sont eux qui m'épouvantent. Si leur mère avait pu leur donner une meilleure éducation, j'aurais mis en eux mes plus chères délices. Mais, hélas! je n'en ai reçu que des sujets de peine. Je les ai toujours trouvés si tracassiers et si sauvages, qu'après les avoir tenus long-temps relégués dans la chambre de leur bonne; je me suis vu enfin réduit à faire entrer les aînés dans une pension, pour les éloigner davantage de moi.

AGATHE.

J'ose me flatter, mon papa, qu'ils ne vous inspireront plus les mêmes sentimens. Depuis trois semaines que j'ai pris sur moi de rappeler mes deux frères du collége pour leur faire éviter une maladie contagieuse qui s'y était répandue, j'ai eu le temps d'étudier leurs caractères ; et je puis vous garantir pour eux, ainsi que pour les plus jeunes, qu'il n'en est pas un seul dont on ne doive concevoir des espérances. Que diriez-vous si vous les trouviez maintenant aussi soumis qu'ils vous paraissaient autrefois indociles?

M. DE SAINT-VINCENT.

Ah! ma chère Agathe, j'y reconnaîtrais ton ouvrage. Non, il n'est rien qui puisse résister au charme de ta douceur.

AGATHE.

Vous me flattez, mon papa; mais aussi vous m'encouragez par ces marques excessives de votre tendresse. Que ne ferai-je pas pour m'en rendre plus digne! Mais j'entends mes frères et mes petites sœurs qui viennent de se lever. J'ai défendu qu'on les informât de votre arrivée. Passez, je vous prie, dans ce cabinet. Je veux que vous puissiez juger par vous-même de l'ardeur dont ils se portent à leurs devoirs. (*M. de Saint-Vincent passe dans le cabinet voisin.*)

SCÈNE II.

AGATHE, ÉDOUARD, PORPHIRE, ses frères; CÉCILE, JULIE, ses sœurs.

AGATHE, *en les embrassant tour-à-tour.*
Bonjour, mes chers enfans, avez-vous bien dormi cette nuit?

TOUS ENSEMBLE.
Fort bien, fort bien! ma petite maman.

AGATHE.
Vous voilà donc disposés à vous occuper une heure avant le déjeûner?

CÉCILE.
Oh! oui. Je meurs d'envie de revoir mon papa; et je ne voudrais pourtant pas qu'il arrivât avant que les jarretière que je lui tricote fussent achevées.

JULIE.
Je veux aussi qu'il trouve ses manchettes finies à

son retour. Je ne le croirais pas bien habillé s'il ne les avait le lendemain de son arrivée.

PORPHIRE.

Quel plaisir j'aurai de lui montrer ma carte de géographie?

ÉDOUARD.

Et moi, ce grand paysage, que je veux suspendre dans son cabinet!

AGATHE.

Il sera bien content, je vous assure, d'apprendre l'ardeur que vous avez de lui plaire.

PORPHIRE, à Agathe.

Je ne sais comment tu fais; mais, dans notre pension, je n'avais aucun goût pour le travail. Il semble que tu aies un secret pour le rendre agréable.

ÉDOUARD.

Oh! c'est bien vrai. Il n'y avait que la crainte qui me fît mettre à l'ouvrage; et je ne le quitte ici qu'avec regret.

AGATHE.

C'est que vous y faites des progrès, et que ces progrès vous y attachent.

PORPHIRE.

Oh! non, ce n'est pas cela. C'est qu'à notre pension on ne savait pas si bien nous faire sentir ce que nous devons à nos parens, et combien il est doux de travailler pour mériter leur tendresse.

ÉDOUARD.

Si nous savons nous en faire aimer, c'est à toi que nous en aurons l'obligation.

JULIE.
Maman sera, je crois bien aise lorsqu'elle saura que nous t'appelons notre petite maman.

CÉCILE.
Oh! quand reviendra-t-elle?

JULIE.
Tu devrais lui écrire que nous l'attendons avec impatience..

AGATHE.
Je désire autant que vous de la revoir. Mais il faut bien lui donner le temps de se rétablir.

CÉCILE.
Je n'y pensais pas. Oui, tu as raison.

JULIE.
Au moins, si nous avions notre papa pour nous consoler.

AGATHE.
Tranquillisez-vous. Il sera bientôt de retour; et j'espère qu'aujourd'hui même vous aurez le plaisir de l'embrasser.

CÉCILE.
Comment, aujourd'hui, ma petite maman?

JULIE.
Entendez-vous, mes frères? notre papa qui doit venir aujourd'hui!

PORPHIRE.
Est-il bien vrai?

ÉDOUARD.
Oh! quel jour de fête pour nous!

CÉCILE.

Le cœur me bat, comme s'il me tenait dans ses bras.

JULIE.

O mon papa, mon cher papa, je t'en prie, dépêche-toi d'arriver. (*Le cabinet s'ouvre tout-à-coup, et M. de Saint-Vincent en sort avec précipitation.*)

ÉDOUARD.

Ciel! que vois-je ?

TOUS LES AUTRES ENSEMBLE.

Oh! c'est lui, c'est lui ; c'est notre papa, c'est lui-même.

SCÈNE III.

M. DE SAINT-VINCENT, AGATHE, ÉDOUARD, PORPHIRE, CÉCILE, JULIE.

M. DE SAINT-VINCENT.

Oui, mes enfans; le voici cet heureux père, à qui vous venez de faire éprouver la joie la plus douce qu'il ait goûtée de sa vie. (*Tous les enfans s'élancent entre ses bras : il les embrasse et les caresse tour-à-tour.*)

CÉCILE.

Si tu savais combien nous sommes tous joyeux de te revoir !

JULIE.

Nous n'avons fait que parler de toi. Demande à ma petite maman.

M. DE SAINT-VINCENT.

Oui, je le sais. Elle m'avait déjà fait entendre

combien elle était contente de vous. Mais elle ne me l'avait pas dit assez; et le suis encore plus que je ne peux vous le dire moi-même.

ÉDOUARD, *à Agathe.*

Comment! tu savais que mon papa était ici?

AGATHE.

Vraiment oui. C'est moi qui l'avais prié de passer dans ce cabinet.

CÉCILE, *à son père.*

Tu nous as donc entendu?

M. DE SAINT-VINCENT.

Oui, mes chers enfans, et vos douces paroles seront toujours gravées dans mon cœur.

JULIE.

Ah! ma petite maman, c'est donc ainsi que tu nous attrapes?

AGATHE.

En êtes-vous fâchées?

JULIE.

Oh! non; il s'en faut bien.

CÉCILE.

Cette surprise est une joie de plus.

PORPHIRE.

C'est grand dommage que Sophie et Dorothée ne soient pas ici pour se réjouir avec nous.

AGATHE.

Vous ne tarderez pas à les voir. Je viens de les envoyer chercher à leur pension.

JULIE.

Ah! tant mieux, tant mieux. Quel plaisir!

M. DE SAINT-VINCENT.

Or çà, mes chers enfans, je veux que tout le monde ici se trouve heureux de mon retour. C'est pourquoi je vais prier Agathe de vous accorder vacance pour toute la matinée.

AGATHE.

C'est à vous, mon papa, de l'ordonner.

M. DE SAINT-VINCENT.

Non, non, ma chère fille; puisque tes frères et sœurs t'ont donné le nom de leur petite maman, je veux que tu en exerces les droits : j'y réunis les miens. Je ne me réserve que le plaisir de te voir user si sagement de l'autorité qui t'est confiée.

CÉCILE.

O mon papa! nous n'aurons pas de peine à lui obéir.

JULIE.

Elle est si douce et si bonne!

ÉDOUARD.

Nous sommes bien sûrs qu'elle ne veut que notre bien.

PORPHIRE.

Nos devoirs, auprès d'elle, sont comme des plaisirs.

M. DE SAINT-VINCENT, *avec l'attendrissement le plus profond.*

O mes chers enfans! ménagez mon pauvre cœur. Il succombe sous l'excès de sa joie. J'ai besoin de me remettre des vives émotions que je viens d'éprouver. Agathe, emmène tes sœurs dans le jardin;

j'irai faire un tour de promenade avec l'un de mes fils. (*Il va s'asseoir dans un fauteuil.*)

AGATHE, *à ses sœurs.*

Allons, mes enfans, vous venez d'entendre votre papa, voulez-vous me suivre?

JULIE.

Nous voici toutes prêtes.

CÉCILE, *bas à Agathe.*

Je vais faire semblant d'aller jouer sous le berceau; mais j'emporte mes jarretières. Je veux absolument les finir aujourd'hui pour les mettre ce soir sur la table de nuit de mon papa.

JULIE, *bas à Agathe.*

Et moi aussi; pendant ce temps, je finirai mes manchettes, afin que mon papa puisse les avoir demain en se levant.

AGATHE, *leur souriant avec un air de mystère.*

Voilà qui est bien imaginé. (*Elle les prend par la main.*) Allons, allons. (*Elle sort avec elles.*)

SCÈNE IV.

M. DE SAINT-VINCENT, ÉDOUARD, PORPHIRE.

M. DE SAINT-VINCENT.

Eh bien! mes petits amis, lequel de vous veut venir avec moi!

ÉDOUARD.

Nous irons tous les deux, mon papa, si tu veux le permettre.

PORPHIRE.

Oh! oui, je te prie. Notre petite maman nous a fait sentir que nous serions plus heureux d'être toujours ensemble; et nous sommes convenus d'être de moitié dans nos plaisirs.

M. DE SAINT-VINCENT.

Oui, mes bien-aimés, votre petite maman a raison. Deux bons frères ne doivent rien avoir qui ne soit en commun. Conservez toujours ces tendres dispositions l'un pour l'autre; vous ferez votre bonheur et le mien. Mais il faut profiter de cette belle matinée pour notre promenade. Hâtons-nous de partir.

ÉDOUARD.

Nous allons prendre notre déjeûner dans nos poches, pour ne pas perdre de temps.

M. DE SAINT-VINCENT.

Il ne sera pas nécessaire. Je vous ferai déjeûner en passant aux Champs-Élysées, et nous irons ensuite dans la campagne.

PORPHIRE.

Ah, mon papa! si tu voulais, nous prendrions notre cerf-volant avec nous.

M. DE SAINT-VINCENT.

Très-volontiers, mes amis. Je serai charmé de partager vos amusemens.

ÉDOUARD.

Oh! que nous dis-tu? Je crains que nous ne puissions t'aimer assez pour tant de bonté.

M. DE SAINT-VINCENT.

Non, mes enfans, au contraire. Je veux vous rendre ce devoir si facile, qu'il vous soit impossible de ne le pas remplir. Je veux même que vous me regardiez à l'avenir comme le compagnon de vos jeux.

PORPHIRE.

Voilà qui s'arrange à merveille. Ma sœur est devenue notre petite maman, et mon papa se fait notre frère.

ÉDOUARD.

Il y a là de quoi gagner pour nous de tous les côtés.

M. DE SAINT-VINCENT.

Oui, mes enfans; que cette douce idée reste toujours gravée dans votre esprit. Mais allez tout préparer pour notre partie. J'irai vous prendre en bas dans le salon.

PORPHIRE, *à Édouard.*

Allons, mon frère, c'est une bonne journée, qui nous ramène nos plaisirs et notre papa. (*Ils sortent en sautant.*)

SCÈNE V.

M. DE SAINT-VINCENT, seul.

Fatigué du monde, excédé de ma propre existence, devais-je m'attendre à goûter encore cette joie pure dont mon cœur s'enivre en ce moment? Qui m'eût dit surtout que je l'aurais trouvée dans ma maison, le dernier endroit de la terre où je serais allé la chercher? Hélas! pendant une longue suite d'années, emporté toujours loin de moi-même, je n'ai travaillé qu'à étouffer les plus doux mouvemens de la nature. Je les sens qui se réveillent dans mon âme avec une force nouvelle, et je ne craindrai plus de m'y livrer. Oui, c'en est fait, qu'ils remplissent désormais tous les instans de ma vie. (*Il voit rentrer Agathe, et il s'avance vers elle en lui tendant les bras.*

SCÈNE VI.

M. DE SAINT-VINCENT, AGATHE.

M. DE SAINT-VINCENT.

O ma chère Agathe! c'est en tes mains que le ciel a remis mon bonheur. Approche, que je te presse entre mes bras paternels.

AGATHE, *en se jetant sur son sein.*

O mon papa! que ces doux embrassemens me rendent heureuse!

M. DE SAINT-VINCENT.

Comment ai-je pu te tenir si long-temps éloignée de mon sein, toi qui devais faire toute ma félicité? Quelle prodigieuse révolution ton retour vient d'opérer dans ma famille! Sans toi, peut-être, je n'aurais jamais connu la douceur d'être père.

AGATHE.

Pardonnez-moi, mon papa, ces sentimens ont toujours été dans votre cœur. C'est moi qui vous remercie de les répandre aujourd'hui sur vos enfans; et puissions-nous y répondre par notre tendresse!

M. DE SAINT-VINCENT.

Non, je t'en conjure, ne cherche point à affaiblir ce que je te dois. Je voudrais, s'il était possible, me l'exagérer à moi-même, pour y trouver plus de charmes. Si tu savais quel vide insupportable était dans mon cœur pendant tout le temps que je me suis abandonné au vain tumulte des plaisirs du monde! Non, ce n'est que de ce jour que je connais ces émotions pures et délicieuses, dont le ciel a fait pour un père le prix de ses devoirs. Adieu, ma chère Agathe. Je vais me promener avec tes frères; et ma plus douce espérance est de trouver encore dans leur entretien de nouvelles raisons de te chéri.

SCÈNE VII.

AGATHE seule.

Est-il bien vrai? Mon père, que j'ai vu ce matin plongé dans une sombre mélancolie, semble maintenant ouvrir son âme à la joie. Ses enfans, dont il redoutait la présence, lui ont causé les plus vifs transports. Il vient de m'accabler moi-même de ses caresses. Quel heureux avenir se présente à mes regards! Quoi! la paix et le bonheur viendraient enfin s'établir dans notre maison, et j'aurais pu contribuer à cet ouvrage! Ah! me voilà payée d'avance de tous les soins qu'il pourra m'en coûter. Ils n'ont plus rien qui m'épouvante. Plus ils seront pénibles, et plus je les embrasserai avec ardeur. Je veux leur consacrer ma vie entière. O ciel! toi qui entends ces vœux, s'ils te sont agréables, je ne te demande que de m'accorder la santé de maman. Qu'elle soit bientôt en état de venir prendre part à notre félicité, et que cette jouissance prolonge ses jours chéris aux dépens même des miens. (*On entend du bruit à la porte.*) Mais quelle est cette jeune personne qui s'avance? Je crois la reconnaître. Oui, c'est elle-même; c'est mon ancienne compagne. (*Elle court à sa rencontre les bras ouverts, et l'embrasse.*)

SCÈNE VIII.

AGATHE, HORTENSE.

AGATHE.

Eh! bonjour, Hortense. Je ne comptais presque plus sur le plaisir de te voir. Il y a cependant près d'un mois que je suis de retour.

HORTENSE.

Que veux-tu, ma chère Agathe? J'ai eu de tous côtés des engagemens qu'il ne m'a pas été possible de rompre.

AGATHE.

Quoi! ils ne t'ont pas laissé un moment dont tu aies pu disposer en faveur d'une ancienne amie, d'une camarade de pension? Mais je ne veux point te faire de reproches; l'amitié sait tout excuser. Je n'aurais pas, je t'assure, attendu ta visite sans la multitude infinie de soins dont tu dois savoir que je suis chargée.

HORTENSE.

Et moi donc, ma chère amie? Tu frémirais de mes occupations. J'en suis si accablée, que je ne sais encore comment j'ai pu trouver le temps de te voir même aujourd'hui.

AGATHE.

Tu m'étonnes, je l'avoue. Comment se peut-il que tu aies tant de choses à faire, toi qui n'as ni frères ni sœurs, pour qui tu sois obligée de travailler?

HORTENSE.

On voit bien que tu arrives de la province. Tu ne sais pas combien les modes varient à Paris. C'est moi qui suis à présent obligée de faire tous mes chiffons. Le dernier mémoire de ma couturière a mis mon papa dans une si belle fureur, qu'il a protesté qu'il n'en voulait plus payer à l'avenir. Il ne s'agissait pourtant que d'une robe dont j'avais fait changer la façon.

AGATHE.

Quelque vieille robe, sans doute?

HORTENSE.

Eh! non, vraiment. Je ne l'avais mise que deux ou trois fois. Mais, comme je devais aller à une grande assemblée chez la marquise de Veray, je voulais y paraître habillée dans le dernier goût.

AGATHE.

Eh bien! tu as eu cette douce satisfaction?

HORTENSE.

Oui; mais c'est aujourd'hui à recommencer de plus belle. Cette mode n'a pas tenu long-temps. Il y a trois jours que je travaille sans relâche pour pouvoir me montrer avec honneur à l'assemblée prochaine. Je veille toutes les nuits jusqu'à deux heures du matin ; et, comme c'est à l'insu de mes parens, il faut que je sois debout à huit heures, comme à l'ordinaire, pour le déjeûner.

AGATHE.

Voilà une vie assez pénible, au moins.

HORTENSE.

Ce n'est rien encore. Tu ne saurais croire combien je suis malheureuse. Tout le long de la journée j'ai le chagrin d'entendre mon papa déclamer contre les femmes de qualité, et me menacer de rompre mes liaisons avec elles. Et, lorsque je vais dans les grandes maisons où je suis reçue, tout m'y paraît si différent de ce qui se passe dans notre triste ménage, qu'à mon retour je ne vois rien sans dégoût autour de moi, et que je ne puis me supporter moi-même.

AGATHE.

Eh bien ! ma chère Hortense, te rappelles-tu ce que je te disais autrefois au couvent ?

HORTENSE.

Eh ! quoi donc ?

AGATHE.

Que l'ambition que tu avais de te lier de préférence avec les jeunes personnes du plus haut rang, et ton goût excessif pour la parure, t'exposeraient dans la suite aux mortifications les plus cruelles. Tu vois par ton propre aveu si je me suis trompée.

HORTENSE.

Mais lorsqu'on a reçu quelques dons de la nature, lorsqu'on a su cultiver dans son âme des sentimens un peu élevés, n'est-il pas tout simple de vouloir paraître avec le plus grand avantage, et de rechercher la meilleure compagnie?

AGATHE.

Il est plus simple encore de se conformer à sa fortune; car c'est une triste chose d'avoir des désirs au-dessus de son état et au-delà de ses moyens.

HORTENSE.

Oh! pour moi, je sens que je ne puis être heureuse sans me produire avec un certain éclat dans le monde.

AGATHE.

En ce cas, je te plains; car ta famille n'est pas, je crois, assez riche pour te procurer ce genre de bonheur.

HORTENSE.

Hélas! non; et voilà ce qui me tourmente.

AGATHE.

Heureusement tes chagrins ne viennent que de ton imagination; et, quand tu le voudras, tu peux en tarir la source.

HORTENSE.

Non, non, je ne le pourrai jamais. Faut-il que je renonce à voir d'anciennes amies? Et, si je les vois, puis-je m'empêcher de souhaiter ardemment d'aller de pair avec elles? Mets-toi pour un moment à ma place, et dis-moi ce que tu ferais.

AGATHE.

Écoute, ma chère Hortense, j'ai eu, tu le sais, les mêmes occasions que toi de faire des connaissances brillantes; il est même de jeunes dames de la cour avec qui je conserve encore quelques liaisons; mais je te proteste que je n'ai jamais eu le moindre désir d'entrer en concurrence avec elles pour l'élégance ou la richesse de la parure. Crois-moi, c'est un mauvais système pour une jeune demoiselle d'affecter de paraître au-dessus de sa condition. Ces grands airs l'exposent naturellement à des réflexions malignes; et tout le fruit qu'elle recueille de sa vanité, ce sont le ridicule et le mépris, tandis qu'elle aurait pu gagner l'estime et la bienveillance par sa modestie.

HORTENSE.

Il me semble que tu me traites assez cruellement.

AGATHE.

Non, ma chère amie; ces réflexions sont trop générales pour tomber sur toi. Je suis bien éloignée de chercher à te faire de la peine. Je n'ai voulu que t'ouvrir les yeux sur de fausses idées, dont tu n'aurais pas tardé long-temps à revenir par le seul exercice de ta raison. Mais parlons, je te prie, de choses plus intéressantes. Tu vis sans doute ma mère à son départ; dis-moi sincèrement dans quel état elle se trouvait.

HORTENSE.

Elle me parut extrêmement abattue; et je ne te cacherai point qu'elle me laissa de vives inquiétudes sur son rétablissement.

AGATHE.

Que je suis malheureuse de m'être trouvée alors si loin de la maison paternelle! Pour ménager la sensibilité de ma tante et ma tendresse, on avait eu grand soin de nous déguiser l'état de maman. Toutes les lettres ne nous en parlaient que comme d'une indisposition légère. Juge de quelle douleur j'ai été saisie, en apprenant tout à coup que le médecin lui avait ordonné de voyager dans nos provinces méridionales, que mon papa l'accompagnait à Montpellier, et qu'il désirait que je vinsse tout de suite me mettre, en son absence, à la tête de la maison! Rappelé par ses affaires, il vient d'arriver cette nuit; et lorsqu'il me donne des espérances sur la santé de maman, je ne sais s'il ne veut point encore tromper mon pauvre cœur.

HORTENSE.

Tu me parais avoir assez de philosophie pour soutenir de grands événemens. Après tout, le malheur que tu crains ne serait pas bien funeste pour votre famille; car, s'il faut le dire, il n'y a jamais eu d'enfans plus négligés par celle dont ils ont reçu le jour.

AGATHE.

Je suis bien surprise, Hortense de te voir tenir devant moi des propos aussi peu réservés. Tu oublies sans doute que la personne dont tu parles est ma mère.

HORTENSE.

Ta mère, Agathe? Une femme qui n'a pris aucun soin de sa famille, pour s'occuper tout entière d'elle-même, est-elle digne d'un nom si cher? Doit-elle prétendre que ses enfans aient pour elle autant de respect et d'amour que si elle eût rempli envers eux les devoirs dont elle était chargée par la nature?

AGATHE.

Eh! ma chère amie, d'où nous viendrait le droit de juger nos parens, nous à qui le ciel a si expressément enjoint de les honorer? Il semblerait, à t'entendre, que tous les nœuds fussent déjà rompus entre ma mère et moi.

HORTENSE.

Je t'admire vraiment de prendre sa défense, toi qui en as été traitée comme une étrangère. Si elle avait eu des sentimens maternels, aurait-elle souffert que sa fille aînée s'éloignât de ses yeux pour aller passer des années entières auprès d'une parente, dans le fond de la province?

AGATHE.

Non, non, Hortense, tu ne me feras point désapprouver la conduite de maman. Je ne veux sentir que les obligations dont je suis chargée envers elle, et auxquelles je ne pourrai jamais satisfaire.

HORTENSE.

Et quelles sont ces obligations, s'il te plaît?

AGATHE.

Je te prie, ma chère, de porter ta pensée vers le temps où je reçus le jour. Faible et dénuée de tout, étais-je alors en état de pourvoir à mes besoins? Qui m'a élevée dans mon enfance, et à qui dois-je jusqu'à ce moment toutes les nécessités de la vie?

HORTENSE.

C'est à tes parens, sans doute? Ils n'ont fait que remplir un devoir indispensable.

AGATHE.

Je veux considérer ces soins comme un devoir des parens; mais les enfans n'en ont-ils pas aussi à remplir envers eux à leur tour? Ne dois-je au moins aucun sentiment de tendresse pour vingt ans d'entretien et de subsistance? Ne leur dois-je rien pour mon instruction?

HORTENSE.

Tu as beau sujet de parler d'instruction, pour me faire valoir la tendresse de ta mère. Est-il une seule chose qu'elle ait daigné apprendre elle-même à ses filles?

AGATHE.

Tu ne te souviens donc plus de l'état déplorable de sa santé, que la moindre fatigue altérait sensiblement? Mais, dis-moi, nous a-t-on laissées dépourvues des talens convenables à notre sexe? A-t-on rien épargné pour éclairer notre esprit? Ah! je suis bien plus portée à croire que nos parens se sont refusé mille plaisirs pour nous procurer tous les avantages d'une éducation dispendieuse. Jette les yeux sur les dernières classes de la société. Vois à quelle profonde ignorance y sont livrés les enfans, combien de privations et de misères ils sont condamnés à souffrir. Maintenant, au lieu de vouloir soulever notre esprit contre les auteurs de nos jours, demande-nous plutôt si nous leur avons témoigné une assez vive reconnaissance des bienfaits qu'ils ont répandus sur nous, et du soin qu'ils ont pris de nous garantir de cette foule de maux, où tant d'autres enfans sont plongés. Va, tu peux m'en croire, tu trouveras bien plus de sujets d'accuser notre ingratitude que leur négligence.

HORTENSE.

Je crois, en vérité, que, si tu avais les plus méchans parens du monde, tu trouverais encore le secret de les justifier.

AGATHE.

J'y emploierais du moins tous mes efforts. Mon cœur a conçu le sentiment le plus profond du respect et de la tendresse que nous devons à ceux dont nous tenons la naissance. Je regarderai toujours comme un crime d'oser juger leur caractère, à moins que ce ne soit dans l'intention de découvrir leurs vertus pour les imiter. Toutes les créatures humaines sont sujettes à l'erreur. De quel droit pourrions-nous exiger que les auteurs de nos jours fussent seuls affranchis de cette loi commune? Non, non, ma chère Hortense; s'il est des enfans assez dénaturés pour se plaire à remarquer des fautes dans la conduite de leurs parens, c'est en vain qu'ils espèrent, par ce moyen, justifier aux yeux des autres les vices dont ils sont eux-mêmes couverts; ils ne font qu'y ajouter les deux crimes les plus horribles! l'ingratitude et l'impiété.

HORTENSE, *tirant sa montre avec un mouvement de dépit.*

Je m'aperçois qu'il est un peu tard. Adieu, chère

Agathe, je viendrai une autre fois reprendre le fil de tes leçons. (*Elle sort brusquement avant qu'Agathe ait pu lui répondre.*

SCÈNE IX.

AGATHE seule.

D'où vient donc qu'elle me quitte si brusquement? Je crains de l'avoir fâchée. Ce projet n'était sûrement pas dans mon cœur. Mais aussi devait-elle croire que je la laisserais impunément accabler mes parens de ses reproches? Unie avec elle dès la plus tendre enfance, je me plaisais tant à penser que nos sentimens devaient s'accorder pour le reste de nos jours! Il m'en coûtera sans doute de rompre des nœuds si chers. Cependant l'intérêt de mes sœurs l'emporte. Combien je me félicite de ce qu'elles n'ont pas été présentes à cet entretien! Les principes dont Hortense fait gloire, les goûts auxquels elle attache sa félicité, seraient trop faciles à contracter pour de jeunes personnes sans expérience. Il faut les garantir d'une liaison qui ne peut que leur devenir dangereuse. Mais n'entends-je pas une voiture s'arrêter dans la cour? Les voilà sans doute. (*Elle s'approche de la croisée.*) Oui, je les vois. Je vole à leur rencontre. Il faut que je les entretienne avant l'arrivée de mon papa. Que je serais heureuse si je pouvais les faire entrer dans les desseins que j'ai conçus pour son bonheur!

FIN DU PREMIER ACTE.

ACTE II.

SCÈNE PREMIÈRE.

AGATHE, SOPHIE, DOROTHÉE.

SOPHIE.

Tu crois donc, ma sœur, que maman ne reviendra pas encore ?

AGATHE.

Ses dernières lettres nous donnent des espérances sur sa santé ; mais je crains bien qu'elle n'ait besoin de quelques mois de plus pour achever de se rétablir.

SOPHIE.

Tant pis, car, si elle ne revient pas, nous courons risque de demeurer long-temps dans notre pension ; et tu ne saurais croire combien je m'y déplais.

DOROTHÉE.

Oh ! pour moi, la première chose que je veux demander à mon papa, c'est de nous retirer de cette maison, où nous sommes confondues avec des enfans de la plus mince bourgeoisie.

SOPHIE.

Oui, sans doute. Il faut qu'il nous place dans un

de ces couvens qui ne sont ouverts qu'à des demoiselles de qualité.

AGATHE.

Mais avez-vous bien considéré, mes chères sœurs, toutes les suites d'une pareille demande? Le plus simple entretien est déjà un objet très-dispendieux dans une famille aussi nombreuse que la nôtre. Que sera-ce donc si l'on y ajoute une augmentation de prix pour votre pension, et un surcroît de dépenses pour vos habits et pour vos maîtres?

SOPHIE.

Mon papa est trop riche pour y regarder de si près.

DOROTHÉE.

Ce ne sera qu'une bagatelle de plus.

AGATHE.

Non, mes chères sœurs, quoiqu'il m'en coûte à vous désabuser, je crois qu'il est de mon devoir de vous faire prendre des idées plus justes de la fortune de notre père. Ses dépenses excèdent depuis longtemps ses revenus; et il est résolu de mettre dans sa maison plus d'ordre et d'économie pour prévenir sa ruine totale.

DOROTHÉE.

Es-tu bien sûre de ce que tu dis, ma sœur?

SOPHIE.

Je ne m'étonne plus de l'air soucieux qu'il avait l'automne dernier, lorsque nous vînmes passer les vacances auprès de lui.

DOROTHÉE.

Oh! je m'en souviens encore. Tu aurais peine,

Agathe, à te figurer un séjour plus désagréable que l'était alors pour nous celui de cette maison. Maman, dont l'esprit était aigri par les souffrances, ne nous faisait venir auprès de son lit que pour trouver à redire à nos moindres paroles, à nos moindres actions. Fatigué d'entendre tout le long du jour ses reproches, mon papa se joignait à elle pour nous en accabler. C'était entre eux à qui nous regarderait le plus de travers. Aussi les évitions-nous autant qu'il nous était possible. Dans le besoin que nous avions de communiquer nos peines, nous prîmes pour confidente une femme de chambre, que maman fut bientôt obligée de renvoyer. Cette femme, d'un fort méchant esprit, ne manquait pas de nous peindre sous les plus noires couleurs ce qu'elle appelait l'injustice de nos parens ; et elle nous faisait accroire qu'il n'y avait pas d'enfans au monde aussi malheureux que nous.

SOPHIE.

Si je te rapportais la moitié de ce qu'elle nous disait, tu ne saurais t'empêcher de frémir. Il n'a pas tenu à elle que nous n'ayons regardé les auteurs de nos jours comme les plus grands ennemis que nous puissions avoir sur la terre.

AGATHE.

Eux, vos ennemis ? Ah ! si leur tendresse a pu se retirer de vous pendant quelques instans, n'est-ce pas vous qui les avez forcés de s'en dépouiller ? Leur avez-vous montré tout le respect qu'ils avaient droit d'attendre ? Ne les avez-vous point blessés par une conduite rebelle, et peut-être par des réponses offensantes ?

DOROTHÉE.

Il est bien vrai que nous ne sommes pas tout-à-fait exemptes de blâme. Mais dans notre situation, qui aurait pu se contenir ? Toi-même, avec toute ta prudence, quel parti aurais-tu pris ?

SOPHIE.

Oui, voyons.

AGATHE.

Puisque vous me le demandez, je vais vous dire ce que j'aurais fait, ou du moins ce que j'aurais dû faire. J'aurais tâché de supporter l'humeur involontaire de maman ; j'aurais évité d'enflammer la colère de mon papa, par l'aigreur de mes reparties, ou par l'indocilité de ma conduite. Si mes efforts n'avaient pas réussi, je ne dis pas que j'en eusse vu le mauvais succès avec indifférence, mais je l'aurais déposé en secret ; je me serais bien gardée surtout, par respect pour mes parens, de mettre dans ma confidence une femme de chambre, et de l'encourager à me dire ce qu'elle n'aurait certainement jamais hasardé si je l'avais tenue à une distance convenable.

SOPHIE.

Tu as raison, sans doute ; mais la patience te serait échappée comme à nous, si tu avais été témoin de ce qui se passait dans la maison. Mon papa semblait regretter l'argent qui sortait de ses mains, lorsque maman lui en demandait. De là naissaient entre eux des querelles terribles. Mon papa se livrait quelquefois à des accès de colère si violens, qu'on ne pouvait le voir et l'entendre sans frissonner. Mais qu'as-tu donc, Agathe ? Tu détournes la vue ? tu pleures ?

AGATHE.

O ma chère Sophie ! comment peux-tu t'en étonner ? La tendresse filiale est-elle éteinte dans ton sein ? Non, non ; j'aime mieux supposer que l'indifférence avec laquelle tu parles de ces démêlés, dont le seul récit me perce le cœur, ne vient que du peu d'habitude que tu as de réfléchir. Soyez-en bien persuadées, mes sœurs, il faut qu'il y ait une cause réelle pour le changement qui s'est fait en mon papa, dont le caractère est rempli de douceur et de bonté. Et cette cause, vous ne devez plus être embarrassées pour la deviner, après ce que je vous ai dit des circonstances où il se trouve.

SOPHIE.

O ciel ! serait-il possible ?

AGATHE.

Il ne faut pas en douter. Cette mélancolie où vous avez vu mon papa, n'était peut-être causée que par les inquiétudes qu'il se formait sur notre sort. Il craignait que le dérangement de sa fortune ne nous privât de l'aisance que sa tendresse aurait voulu nous procurer. Et c'est dans le temps qu'il était ainsi le plus occupé de votre bonheur, que vous avez rempli ses jours d'amertume.

DOROTHÉE.

Oh ! combien nous nous sommes rendues coupables ?

AGATHE.

Puisque vous reconnaissez vos torts, il vous sera facile de les réparer. Il ne tient qu'à vous de rendre mon papa plus heureux qu'il ne l'a peut-être été de sa vie.

SOPHIE.

O ma sœur ! hâte-toi, je t'en conjure, de nous en apprendre les moyens.

AGATHE.

Vous voyez d'abord qu'au lieu de lui proposer de vous mettre dans une pension plus coûteuse, il faut lui épargner désormais la principale dépense de votre éducation. En travaillant de concert à nous instruire les unes les autres, nous serons bientôt en état de nous passer de la plupart de nos maîtres. L'étude et l'expérience de quelques années de plus me donnent le moyen de vous prêter mes faibles secours. Vous pourrez, à votre tour, offrir les vôtres et à vos plus jeunes sœurs. Imaginez-vous quel sera, pour nos parens, le charme de cette heureuse émulation? Ce spectacle attachera pour toujours mon papa dans le sein de sa famille. Il prendra part à nos études : il encouragera nos efforts. Maman nous accordera toute sa tendresse. Nous verrons sa santé se rétablir. Les nœuds qui nous unissent seront de plus en plus resserrés; et croyez que le bonheur le plus doux sera le fruit de cette révolution.

SOPHIE.

Ah ! si nous osions concevoir une si flatteuse espérance !

AGATHE.

Pourquoi craindriez-vous de vous y livrer? Les moyens que je vous propose ne sont-ils pas en votre pouvoir? Qui nous empêche de nous instruire des règles de l'ordre et de l'économie; de nous former à la patience et à la soumission; d'orner notre esprit de toutes les connaissances utiles, pour les faciliter ensuite à nos frères et à nos sœurs?

DOROTHÉE.

Nous, Agathe? Ah! je le vois bien, tu ne veux que nous faire sentir notre peu de talent.

AGATHE.

Pouvez-vous me soupçonner d'un dessein aussi peu généreux? Non, mes chères sœurs, j'ose tout espérer de ces talens, dont vous vous défiez, lorsqu'ils seront soutenus par la noble ardeur de témoigner votre reconnaissance et votre amour à notre papa. J'ose également vous promettre, en son nom, qu'il récompensera vos efforts pour lui plaire, par des sentimens que vous n'avez pas encore éprouvés. Ah! si vous aviez vu avec quelle tendresse paternelle il vient de me presser tout à l'heure contre son sein, vous n'auriez pas de plus grand désir que de partager mon bonheur.

SOPHIE.

Tu nous le fais assez vivement sentir par tes douces peintures.

DOROTHÉE.

Nous voilà résolues de tout entreprendre pour le mériter.

AGATHE.

O mes chères sœurs, que ces nobles résolutions me ravissent ! et quelle va être la joie de mon papa ! Mais, je crois l'entendre. Oui, c'est lui-même. Il faut qu'il apprenne tout de votre propre bouche.

SOPHIE.

Non, non ; laisse-nous sortir pour remettre un peu nos esprits. Je craindrais trop, en ce moment, de paraître en sa présence.

DOROTHÉE.

Tâche de le disposer en notre faveur, avant que nous allions nous jeter dans ses bras. (*Sophie et Dorothée se retirent dans la chambre voisine.*)

SCÈNE II.

AGATHE *seule.*

Oui, je vais encore l'émouvoir par cette scène nouvelle ; et, si elle fait sur son âme l'impression que j'ose en espérer, je ne craindrai plus de lui proposer le dernier parti qu'il nous reste à prendre.

SCÈNE III.

M. DE SAINT-VINCENT, AGATHE.

M. DE SAINT-VINCENT.

O ma chère Agathe ! je viens de m'éloigner quelques instans de ta vue, mais, combien de fois, dans cette absence, mon cœur a revolé près de toi !

Je n'ai fait que m'entretenir de tes vertus avec tes frères. Les aimables enfans! quels témoignages ils m'ont donnés de leur affection! Mes entrailles en ont mille fois tressailli. Je n'ai plus retrouvé en eux ces manières rudes et ces airs grossiers, qui repoussaient mes caresses. Ils semblent avoir dépouillé leur naturel sauvage, pour se revêtir de tous les charmes de ton carractère. Oh! si le même changement pouvait encore s'opérer dans tes sœurs! Mais qui pourrait échapper à ton empire? Je te les donne à soumettre pour me les rendre dignes de mon amour.

AGATHE.

O mon papa! vous ne trouverez point de cœurs rebelles autour de vous, et vos seules bontés vous feront toutes vos conquêtes.

M. DE SAINT-VINCENT.

Je crains que tu juges des autres par tes propres sentimens.

AGATHE.

Non, je vous assure; je ne cherche point à vous flatter. Ce sont les propres sentimens de mes sœurs que je vous exprime.

M. DE SAINT-VINCENT.

Comment! tu les aurais déjà vues?

AGATHE.

Elles sont arrivées pendant que vous étiez à la promenade. Je n'ai eu besoin que de leur peindre les tendresses dont vous m'avez accablée, pour leur inspirer la plus vive ardeur de les obtenir à leur tour.

M. DE SAINT-VINCENT.

Que ne viennent-elles donc se jeter dans mon sein.

AGATHE.

Elles soupirent après cette félicité; mais la crainte de retrouver sur votre visage quelque impression du mécontentement qu'elles ont pu vous donner autrefois les retient. Elles tremblent que leur présence ne vous rappelle des souvenirs dont elles voudraient effacer jusqu'à la trace la plus légère.

M. DE SAINT-VINCENT.

Non, non; elles n'ont rien à craindre de ma sévérité. Tu m'as trop bien fait connaître quel est l'empire de la douceur. Je ne veux plus gouverner mes enfans que par la voix de l'amour et de l'indulgence. Mais où sont-elles? Je brûle de les embrasser, et je vole moi-même à leur rencontre.

AGATHE.

Non, mon papa; les voici qui viennent se remettre entre vos bras paternels.

SCÈNE IV.

M. DE SAINT-VINCENT, AGATHE, SOPHIE, DOROTHÉE.

(Sophie et Dorothée sortent précipitamment de la chambre voisine, et s'arrêtent tout-à-coup muettes et confuses.)

M. DE SAINT-VINCENT, *en leur tendant les bras.*

Eh bien! mes chères filles, que ne vous empressez-vous de répondre à l'affection de votre père ? (*Elles font encore un mouvement pour s'avancer, et tombent ensemble sur leurs genoux. M. de Saint-Vincent court vers elles et veut les relever.*

SOPHIE.

Non, non; vous avez trop de bonté, mon papa. Le souvenir de notre mauvaise conduite nous dit que nous sommes indignes de paraître dans une autre situation à vos yeux.

DOROTHÉE.

Nous n'osons encore vous demander vos caresses. Nous serons trop heureuses d'obtenir seulement notre pardon.

M. DE SAINT-VINCENT.

Relevez-vous, mes chères filles, et venez le recevoir dans mes bras. Oui, je vous pardonne du fond de mon cœur. Recevez mes plus ardentes bénédictions : et puissent les dons du ciel se répandre sur vous avec autant d'abondance que les sentimens de ma tendresse !

SOPHIE.

Modérez, je vous en conjure, l'excès de vos bontés. C'est nous accabler du poids de nos fautes, et nous en faire sentir plus cruellement les remords.

M. DE SAINT-VINCENT.

Eh bien! que tout ce qui s'est passé reste pour toujours enseveli dans l'oubli le plus profond. Mais n'oublions jamais ce moment heureux qui vous rend un père plus tendre, et me fait retrouver des enfans plus dignes de mon amour.

DOROTHÉE.

Eh! comment nous serait-il possible d'en perdre jamais le souvenir?

SOPHIE.

O ma chère Agathe, que tu dois jouir de notre bonheur! il est ton ouvrage.

AGATHE.

Non, Sophie. Dorothée et toi vous l'avez commencé par votre soumission, mon papa l'achève par son indulgence. Je n'y ai d'autre part que d'avoir été l'interprète de vos sentimens, et de les avoir fait passer mutuellement dans vos cœurs.

M. DE SAINT-VINCENT.

Va, ta modestie ne fait qu'ajouter encore à mon affection.

DOROTHÉE.

Ne crois pas aussi que ta générosité te fasse rien perdre de notre reconnaissance.

SOPHIE.

Après avoir profité de tes instructions, nous n'avons plus qu'à nous former sur les exemples que tu nous donnes. Mon papa ne désavouera pas certainement le modèle dont nous avons fait choix.

M. DE SAINT-VINCENT.

Non, sans doute, Sophie; et la résolution que vous avez prise d'imiter Agathe est pour moi la preuve la plus forte du désir que vous avez de vous rendre agréables à mes yeux.

DOROTHÉE.

— Oh! si vous saviez tout ce que nous devons à sa sagesse!

SOPHIE.

Si vous saviez de quels sentimens honteux elle nous a fait revenir!

AGATHE.

Oubliez-vous, mes sœurs, que notre papa vient de nous imposer silence surtout ce qui a précédé cet heureux instant? il ne faut plus nous occuper que des nobles dispositions dont vous venez de m'entretenir.

SOPHIE.

Ah! c'est à toi seule qu'elles appartiennent.

AGATHE.

Je ne réclame que le droit d'en présenter, en votre nom, l'hommage à notre papa.

DOROTHÉE.

Oui, charge-toi de ce soin. Tu t'en acquitteras bien mieux que nous-mêmes.

SOPHIE.

Nous n'avons pas encore vu nos frères. Permettez-nous, mon papa, de les aller embrasser. Agathe, dans cet intervalle, voudra bien vous instruire des engagemens qu'elle nous a fait prendre pour tâcher de vous faire oublier notre conduite passée, en contribuant de tout notre pouvoir à votre satisfaction.

AGATHE.

Oui, mes chères sœurs; et je ne craindrai pas de répondre de votre ardeur à les remplir. (*Sophie et Dorothée sortent, après avoir baissé la main de leur père.*).

SCÈNE V.

M. DE SAINT-VINCENT, AGATHE.

M. DE SAINT-VINCENT.

Quel est donc ce projet dont tes sœurs viennent de parler?

AGATHE.

C'est celui dont je vous ai entretenu ce matin. Elles ont témoigné le plus vif empressement d'y concourir, pour diminuer le fardeau de vos dépenses.

M. DE SAINT-VINCENT.

Quoi! ma chère Agathe, tu les as déjà disposées à seconder tes vues?

AGATHE.

Elles les ont embrassées aussitôt avec ardeur, et votre tendresse soutiendra leur résolution. Mais, mon papa, il me reste encore une chose à vous proposer; et j'ai besoin de toute votre bonté pour m'enhardir à vous en faire l'ouverture.

M. DE SAINT-VINCENT.

Parle, ma chère fille; ne connais-tu pas le charme que tes paroles ont pour mon cœur?

AGATHE.

Je ne connais que l'étendue de votre amour, et c'est sur lui seul que je confonde mes espérances.

M. DE SAINT-VINCENT.

Ne crains donc pas de les voir trompées : achève.

AGATHE.

Eh bien! mon papa, puisque vous daignez encourager ma voix timide, elle va prendre la liberté de s'expliquer devant vous. Voici donc le projet que je soumets à votre prudence. Ce serait de réformer la plus grande partie de nos domestiques, de quitter notre maison de la ville, et de nous retirer pour quelques années à la campagne.

M. DE SAINT-VINCENT.

Et c'est toi, ma chère Agathe, qui ne crains pas d'embrasser ce parti rigoureux! non, je l'avoue, malgré la haute opinion que tu m'as fait concevoir de ton caractère, je n'aurais jamais attendu cet effort de courage d'une jeune personne de vingt ans.

AGATHE.

Ne m'en faites pas tant d'honneur, je vous en supplie. C'est à vous seul que je le dois, puisqu'il ne m'est inspiré que par votre amour.

M. DE SAINT-VINCENT.

Quoi! renoncer à tous les amusemens que pourrait t'offrir le séjour de la ville pour aller te renfermer dans une terre éloignée de trente lieues de la capitale! As-tu bien réfléchi sur la grandeur de ce sacrifice?

AGATHE.

Tout est considéré, mon papa, puisque votre bonheur y est attaché.

M. DE SAINT-VINCENT.

Mais le tien, ma fille, crois-tu qu'il ne me soit pas aussi cher? Te voilà parvenue à cet âge où la plupart des jeunes personnes ont déjà formé leur établissement. Il ne te serait pas difficile de rencontrer ici un homme estimable et sensible, que l'état de ma fortune ne rendrait pas aveugle sur tes vertus. Mais comment le trouver dans le désert où tu veux aller t'ensevelir?

AGATHE.

Ah! croyez, mon papa, que ce n'est pas le besoin le plus pressant pour mon cœur, il n'est rempli que du désir de vous voir heureux; et vos bontés suffisent pour occuper vivement sa tendresse. Qu'aurais-je encore à désirer, si, par mes travaux et mon économie, je pouvais bannir de votre esprit les inquiétudes qui vous tourmentent sur le sort de vos enfans? leur bonheur, joint au vôtre, me dédommagerait bien de toutes les privations qu'il pourrait m'en coûter pour vous aider à l'établir.

M. DE SAINT-VINCENT.

Écoute, ma chère fille, tu dois sentir si je suis transporté de te voir des sentimens si nobles. Je crois même qu'ils pourraient être d'abord leur propre récompense; mais plus ils sont généreux, plus je dois les combattre. S'ils allaient un jour te causer des regrets!

AGATHE.

Jamais, jamais. On n'en a point d'avoir rempli son devoir. Oui, mon papa, vous m'avez donné la vie, et je vous la consacre toute entière. Ce dévouement fait ma gloire; il fera aussi mes plaisirs. Auprès de vous et de ma chère maman, avec mes frères et mes sœurs, le séjour de la campagne me paraîtra délicieux. Ma seule crainte est que tous nos soins ne puissent vous y faire trouver assez d'agrémens. Mais vous pourrez aller passer quelque temps à la ville, lorsque la vie champêtre perdra pour vous de ses charmes, et nous nous occuperons, dans cet intervalle, à chercher tous les moyens de vous la rendre plus douce à votre retour.

M. DE SAINT-VINCENT.

Que dis-tu, ma chère Agathe? Non, non; après ce que je viens d'éprouver aujourd'hui, je sens que je ne dois chercher le bonheur qu'au sein de ma famille. Je ne l'attends plus que de mes enfans.

AGATHE.

Oh! combien cette confiance va les animer dans leurs résolutions! Vous serez chaque jour témoin de leurs efforts et de leurs progrès : vous les verrez se disputer la gloire d'offrir le plus doux hommage à votre tendresse, qui en sera pour eux le prix le plus cher.

M. DE SAINT-VINCENT.

Oui, ma chère fille; il me semble jouir d'avance de ce spectacle délicieux. Mais tu ne m'as parlé que de tes sœurs. Quel parti prendrons-nous pour tes frères? Voilà mon plus grand embarras.

AGATHE.

Il est vrai. Ils ont besoin d'un instituteur sage, éclairé, sensible, qui ait vécu dans le monde, pour leur en apprendre les usages, et les défendre contre ses illusions; qui puisse également leur donner de bons principes et d'utiles connaissances; qui non-seulement prenne de l'affection pour ses élèves, mais qui leur inspire encore assez d'attachement pour qu'ils se plaisent à son entretien, et que les leçons les plus graves de la sagesse prennent pour eux dans sa bouche le tendre intérêt de l'amitié.

M. DE SAINT-VINCENT.

Tu ne fais que me décourager encore plus par ce tableau.

AGATHE.

Non, mon papa; il est un homme qui peut remplir tous nos vœux.

M. DE SAINT-VINCENT.

Eh! ma fille, où rencontrer un sujet aussi rare?

AGATHE.

N'en soyez point en peine, je l'ai trouvé.

M. DE SAINT-VINCENT.

Comment donc! Quel est-il?

AGATHE.

Ah! vous le connaissez mieux que moi.

M. DE SAINT-VINCENT.

Je le connais?

AGATHE.

Oui, sans doute; et plus je viens d'exiger de lui des qualités difficiles, plus vous sentirez qu'il est le seul qui puisse les réunir.

M. DE SAINT-VINCENT.

Que tardes-tu donc à me le nommer?

AGATHE.

O mon papa! vous n'avez besoin que de descendre un instant en vous-même, et vous entendrez son nom au fond de votre cœur.

M. DE SAINT-VINCENT.

Oui, chère Agathe, ta voix éloquente vient de l'y faire retentir. Quelle lumière soudaine m'éclaire sur mes devoirs! Devoirs chers et sacrés, je vous embrasse avec joie. Pour me mettre en état de vous remplir, je vais reprendre des connaissances trop négligées depuis ma jeunesse. Quelques sacrifices que vous me demandiez, je fais vœu de me les imposer. Que dis-je? ce que j'entreprendrai pour mes enfans ne me sera pas inutile à moi-même. Les charmes de l'étude embelliront ces tristes heures de la journée, que les vaines dissipations du monde ne pouvaient plus égayer. Je prendrai le goût de ces plaisirs simples et purs, dont on ne peut jouir que dans le repos d'une vie domestique. L'éducation de ma famille et la culture de mes terres vont occuper tous mes instans. Il ne faudra qu'un petit nombre d'années pour relever ma fortune; et j'aurai satisfait à tous les devoirs de la nature en faisant mon propre bonheur.

AGATHE, *se jetant aux genoux de son père.*

O mon papa! souffrez que je tombe à vos genoux, et que je les embrasse pour vous remercier de ces témoignages de votre tendresse. Comment nous sera-t-il possible de nous acquitter jamais envers vous?

M. DE SAINT-VINCENT, *relevant Agathe.*

Relève-toi, ma fille; je ne puis te souffrir dans

cette situation. C'est toi qui te prosternes à mes pieds, lorsque ta main bienfaisante vient de fermer les blessures de mon cœur! Viens plutôt sur ce cœur paternel que tu fais palpiter d'amour, d'orgueil et de joie. Avec quels transports j'accepte l'espérance que tu me donnes et de mon bonheur et de celui de mes enfans!

AGATHE.

Votre attente ne sera point déçue, et maman elle-même va doubler cette félicité en la partageant avec nous.

M. DE SAINT-VINCENT.

Je veux, dès ce moment, l'instruire de ma résolution. Je lui dirai surtout qui me l'a inspirée. Je lui peindrai ton courage, ta raison, tes vertus. Elle ignore le prix du trésor qu'elle possède en sa fille. Il faut qu'elle apprenne à te connaître tout entière, malgré la distance qui vous sépare, pour n'avoir plus qu'à te chérir à son retour.

SCÈNE VI.

M. DE SAINT-VINCENT, AGATHE, UN DOMESTIQUE.

LE DOMESTIQUE.

Monsieur, un voyageur qui arrive de Montpellier demande à vous entretenir.

M. DE SAINT-VINCENT.

Faites-le passer dans mon appartement. Je vais le trouver. (*Le domestique sort.*)

SCÈNE VII.

M. DE SAINT-VINCENT, AGATHE.

AGATHE.

O mon papa! ce sont des nouvelles de maman qu'il nous apporte. Je tremble qu'il n'ait quelque événement fâcheux à nous apprendre.

M. DE SAINT-VINCENT.

Reste ici, ma fille. Dans l'incertitude où je suis, je ne veux pas que tu me suives. Je viendrai t'instruire de tout dans un moment.

SCÈNE VIII.

AGATHE seule.

O ciel! que vient-on nous annoncer? Ah! si maman était devenue plus malade! si nous l'avions déjà perdue! Comment supporter cette affreuse pensée! (*Elle se laisse tomber dans un fauteuil, et cache sa tête entre ses mains.*)

SCÈNE IX.

AGATHE, SOPHIE, DOROTHÉE, ÉDOUARD, PORPHIRE, JULIE, CÉCILE.

(*Les enfans se précipitent dans la chambre, et courent en tumulte vers Agathe, qui se lève en les voyant venir.*)

SOPHIE.

Qu'est-ce donc qui est arrivé, ma sœur? Nous venons de voir passer mon papa. Comme il avait l'air troublé! Il s'est dérobé, sans rien dire, à nos caresses; et il nous a fait signe de le laisser entrer tout seul dans son cabinet.

DOROTHÉE.

On venait d'y introduire un inconnu qui demandait avec empressement à le voir.

AGATHE, *s'efforçant de prendre un air calme.*

C'est un voyageur qui arrive de Montpellier, et que maman aura sans doute chargé de venir nous apporter de ses nouvelles.

CÉCILE.

Et crois-tu qu'elles soient bonnes, ma petite maman?

AGATHE, *avec un peu de trouble.*

Je ne puis vous le dire encore, mes chers enfans : mais je l'espère.

ÉDOUARD.

D'où vient donc que tu es si émue?

AGATHE, *avec embarras.*

Moi, mon frère?

PORPHIRE.

Oui, toi-même, ma sœur : tu me fais déjà frémir.

JULIE.

Ah ! ma petite maman, tu sais quelque chose de triste, que tu ne veux pas nous apprendre.

AGATHE.

Non, mes petits amis, je vous le proteste. Je ne sais rien qui puisse vous attrister. Rassurez-vous donc, je vous en conjure. (*A part.*) Ah ! je ne puis résister moi-même aux inquiétudes qui me tourmentent. Mon papa tarde long-temps à revenir. Il faut que je vole auprès de lui. (*Elle se dégage des bras des enfans et se dispose à sortir, lorsqu'elle voit tout à coup rentrer son père.*)

SCÈNE X.

M. DE SAINT-VINCENT, AGATHE, SOPHIE, DOROTHÉE, PORPHIRE, ÉDOUARD, JULIE, CÉCILE.

(*M. de Saint-Vincent paraît dans une grande agitation. Il s'avance tenant une lettre ouverte à la main. Il va se jeter dans un fauteuil. Les enfans restent sans mouvement et sans voix. Agathe s'approche de son père, lui prend la main, et après un moment de silence :*)

AGATHE.

Il est inutile de demander ce que vous annonce cette lettre fatale. Il n'est que trop vrai, je n'ai plus de mère.

M. DE SAINT-VINCENT, *revenant un peu à lui-même.*

Non, ma chère Agathe, calme tes frayeurs : nous sommes tous heureux.

AGATHE, *avec transport.*

O mon papa ! serait-il possible ?

M. DE SAINT-VINCENT.

Oui, ma fille, ta mère est beaucoup mieux. Le trouble où je suis vient d'un excès de joie si vif, que mon cœur en est accablé. (*Les enfans se rapprochent d'un air joyeux, en s'écriant à la fois :*) O mon papa, contez-nous donc tout cela, je vous prie.

M. DE SAINT-VINCENT.

Tiens, Agathe, prends cette lettre, et hâte-toi de la lire. Je veux l'entendre encore. Dans l'agitation qu'elle m'a causée, il ne m'en est resté qu'un souvenir confus.

AGATHE, *prenant la lettre.*

En vérité, mon papa, je crains de n'avoir pas la force d'en faire la lecture.

M. DE SAINT-VINCENT.

Eh bien ! donne-la moi. Je vais tenter un effort sur moi-même ; je commence à me sentir un peu plus rassis. (*M. de Saint-Vincent reprend la lettre, et lit tout haut.*)

« Je m'empresse de vous annoncer, cher époux,
» que j'ai déjà ressenti les plus salutaires effets de la
» douce température de ce climat. Je n'ai plus de
» fièvre. Ma toux est presque dissipée. Mon estomac
» se rétablit, et le médecin m'assure que dans un
» mois je vais être en état de vous aller rejoindre,

» Le retour de mes forces me donne l'espérance de
» pouvoir m'occuper tout entière de l'éducation de
» mes enfans, que ma mauvaise santé m'avait forcée
» de négliger. Avec quelle ardeur je vais chercher
» à réparer un temps dont la perte me cause aujour-
» d'hui tant de regret ! Je désirerais, en conséquence,
» obtenir votre aveu pour aller passer quelques an-
» nées avec mes filles dans votre terre. J'ai la plus
» vive impatience d'embrasser Agathe, après avoir
» été si long-temps sans la voir. Les tendres éloges
» que m'en fait votre sœur dans toutes ses lettres
» me persuadent qu'elle les aura déjà justifiés dans
» votre esprit. Je compte sur ses secours pour l'en-
» treprise que je médite. Il me sera bien doux de
» vous la voir approuver. Toutes mes pensées, tous
» mes sentimens et tous mes vœux n'ont plus que
» cet objet. Je vous prie d'en faire part à mes chers
» enfans, et de les disposer à voir en moi une nou-
» velle mère, qui ne veut plus vivre que pour s'oc-
» cuper de leur bonheur, etc. »

M. DE SAINT-VINCENT.

Eh bien ! Agathe, es-tu maintenant surprise de l'accablement de joie où cette lettre vient de me jeter ?

AGATHE.

Ah ! mon papa, je ne puis moi-même contenir l'excès de la mienne. Tant de circonstances, si heureusement réunies, semblent nous annoncer que le ciel daigne s'intéresser à notre projet, et nous en garantir d'avance le succès.

M. DE SAINT-VINCENT.

Livrons-nous donc à ces heureux présages. Venez, mes enfans, quittons une ville corrompue, et volons au sein de la nature goûter la félicité qu'elle attache à ses penchans et à ses devoirs.

FIN DU SECOND ET DERNIER ACTE.

L'HONNÊTE FERMIER,

Drame en cinq actes.

Le sujet de cette pièce est tiré de *De Eerlyke Landman*. Voyez le *Nieuwe Spectatoriale Schouwburg*, recueil hollandais, sans nom d'auteur, imprimé à Amsterdam en 1782.

PERSONNAGES.

M. DE VERVILLE.
THIBAUT, son fermier.
MARGUERITE, femme de Thibaut.
VALENTIN, cru leur fils.
GEORGE, ⎫
JEANNETTE, ⎬ leurs enfans.
LOUISON, ⎭
LE BAILLI du village.
ROBERT, ⎫
GERVAIS, ⎬ voisins de Thibaut.
PÉLAGE, ⎭

La scène se passe dans la maison de ferme de Thibaut.

L'HONNÊTE FERMIER,
Drame.

ACTE PREMIER.

(Le théâtre représente une chaumière. On y voit une armoire, une table, quelques chaises; et, dans l'en-l'enfoncement, sous un rideau, un berceau où repose un enfant.)

SCÈNE PREMIÈRE.

MARGUERITE, debout devant la table, coupe deux morceaux de pain et y étend du beure.

Après avoir travaillé pendant la plus belle moitié de notre vie, tomber dans la pauvreté ! A quoi nous sert de n'avoir pas un seul instant ménagé nos peines pour élever nos enfans avec honneur ? Encore, s'ils étaient tous en état de gagner leur pain ! Mes chers enfans ! ce n'est pas sur moi, c'est sur vous que je pleure : en perdant notre pauvre bétail, nous avons tout perdu. Ce qui nous reste est bien loin de pouvoir suffire à payer monseigneur. Qu'allons-nous devenir ? Si mon digne mari ne soutenait mon courage, je serais bientôt réduite à mourir de chagrin. Mais le brave Thibaut ; oh ! quel homme !

comme il paraît tranquille à travers nos malheurs! Si je n'étais sûre qu'il me cache, par amitié, la moitié de ses peines, de peur de m'affliger, il faudrait le croire insensible. « Pourquoi pleurer, Marguerite, me dit-il, quand je n'ai plus la force de retenir mes larmes? Nous avons perdu notre bétail; eh bien! qui sait ce que le ciel fera pour nous? Il n'abandonne jamais les honnêtes gens dans leurs afflictions. Je compte sur lui. » Hélas! sans être riche, il n'a jamais abandonné lui-même les malheureux. Combien de familles dans le village il a sauvées de la misère par ses conseils et par ses secours! Non, il n'est pas de meilleur homme sur la terre. Je possède encore ce qui manque à beaucoup de femmes dans la richesse, un bon mari, et des enfans qui nous aiment, qui se conduisent de manière à remplir notre cœur de joie. Lorsque je pense à toutes ces bénédictions de la Providence, je sens qu'elle veille sur nous, et mon chagrin m'en devient cent fois plus léger. Allons, un peu de courage, Marguerite. N'as-tu pas conservé ce qui pourrait te consoler de tous les malheurs? (*Elle se retourne, avance de quelques pas vers la porte de la cabane, et appelle.*) Jeannette! Jeannette!

SCÈNE II.

MARGUERITE, JEANNETTE.

JEANNETTE, *en entrant.*

Me voici, ma mère; que me veux-tu?

MARGUERITE.

Tiens, ma fille, voilà ton déjeûner.

JEANNETTE.

O ma mère! il y en a trop de la moitié. Je ne pourrai jamais manger tout cela.

MARGUERITE.

Regardes-y donc, ce n'est que ta ration ordinaire. J'espère que tu n'es pas malade?

JEANNETTE.

Non; mais je sens que je n'aurai plus autant de faim qu'auparavant.

MARGUERITE.

Que viens-tu me conter? Depuis quand fais-tu la petite bouche? Allons, mange ton déjeûner comme une grande fille. Veux-tu prendre ce pain?

JEANNETTE, *prenant le pain et le rompant avec les doigts.*

J'en aurai trop, je t'assure. C'est bien assez d'en manger la moitié. (*Elle présente l'autre moitié à sa mère.*) Tiens, garde ceci pour Louison.

MARGUERITE.

Est-ce qu'elle t'a donné le soin de régler son appétit?

JEANNETTE.

C'est tout ce qu'il lui faut. Elle ne t'en demandera pas davantage.

MARGUERITE.

Il me paraît que tu connais à merveille ta sœur. Va, Louison mangera bien son morceau tout entier comme toi. En voici un que j'ai apprêté pour elle.

JEANNETTE.

Non, non, elle le gardera pour ce soir; et alors

elle m'en donnera la moitié à son tour. Laisse-nous faire. Nous nous sommes arrangées ensemble.

MARGUERITE.

Que signifie ce bel arrangement? Je suis curieuse de l'apprendre.

JEANNETTE.

Pourquoi me le demander? c'est un secret entre nous deux. Je t'en prie, ma mère, ne fais pas semblant de t'en apercevoir.

MARGUERITE.

Comment donc? Je veux absolument que tu me dises ce qu'il y a là-dessous.

JEANNETTE.

Eh bien! puisque tu me l'ordonnes, je vais te le raconter. Hier au soir nous entendîmes mon père qui te disait : Maintenant que nos pauvres bêtes sont mortes, il faut nous arranger à la volonté du ciel, et tâcher de faire tourner cette disgrâce à notre avantage. Nous devons être plus diligens, plus industrieux, et ménager autant que nous pourrons, afin de soutenir notre famille. Tu lui répondis, en l'embrassant, que tu serais la première à lui en donner l'exemple. Je fis signe à ma sœur de sortir. Nous nous embrassâmes comme vous; et tout ce que vous voulez faire pour nous, nous convînmes aussi de le faire pour vous de notre côté.

MARGUERITE.

Mes chers enfans, vous prenez trop de part à nos peines. Elles ne sont pas faites pour votre âge. Ne craignez rien. Le ciel prendra soin de nous. O ma fille ! tu me fais sentir combien il est heureux d'être mère. (*Elle l'embrasse.*) Quel bien sur la terre vaudrait pour moi la tendresse que tu montres à tes parens? Console-toi. Je vous avais conservé ce dernier reste de beurre; et tu peux encore aujourd'hui manger ton pain tout entier. Il faut qu'il te donne des forces, afin que tu puisses nous en gagner quand tu seras plus grande. Ne seras-tu pas bien aise alors de travailler pour tes parens?

JEANNETTE.

Ah! si je le serai! Heureusement nous pouvons commencer déjà. Nos mains sont petites; mais nous en travaillerons plus long-temps dans la journée; et tout ce que nous viendrons à bout de gagner, nous le donnerons à mon père pour acheter du bétail. Nous élèverons aussi des poules; nous vendrons nos œufs; et cet argent, ma mère, tout cet argent, nous te l'apporterons avec joie. (*Voyant les yeux de Marguerite pleins de larmes.*) Oh! ne pleure donc pas, je te prie, cela m'ôterait le courage.

MARGUERITE.

Va, si je pleure, c'est de la joie que tu me donnes. Mais il est temps que tu déjeûnes. Il y a bien des choses à ranger dans la maison; et je veux que ton père trouve tout en ordre lorsqu'il reviendra.

JEANNETTE.

Est-ce qu'il est aux champs avec mes frères?

MARGUERITE.

Non, il est allé faire un tour à la ville. Il avait besoin de parler à monseigneur.

JEANNETTE.

Ah! tant mieux. Mon père est toujours gai lorsqu'il revient de chez lui. C'est un bien excellent homme, n'est-ce pas, que ce monsieur de Verville?

MARGUERITE.

Oui, ma fille. Jusqu'à présent il a eu des bontés pour nous. Dieu veuille qu'il nous les continue, lorsque nous en avons le plus grand besoin! Depuis les pertes que nous avons faites, nous ne sommes plus en état de le payer, et souvent les personnes qui nous ont montré le plus d'attachement quand nous avons été exacts à les satisfaire, ne nous regardent plus que d'un mauvais œil lorsqu'elles se voient en danger de perdre quelque chose de notre part.

JEANNETTE.

Monseigneur ne sera pas de ces personnes-là, j'en suis sûre.

MARGUERITE.

Je l'espère aussi, mon enfant; autrement nous serions bien à plaindre.

JEANNETTE.

Qu'il me tarde que mon père soit rentré, pour avoir de bonnes nouvelles. Doit-il revenir ce matin?

MARGUERITE.

Il s'est mis en route au lever du soleil; et je l'attends à chaque minute.

JEANNETTE, *posant son pain sur la table.*

En ce cas, avant de déjeûner, je vais tirer du vin, et le mettre rafraîchir. Il ne sera pas fâché d'en boire une goutte à son retour.

MARGUERITE.

Mange d'abord ton pain ; je me chargerai de ce soin, moi.

JEANNETTE.

Tu me demandais tout à l'heure si je ne travaillerais pas volontiers pour mes parens ; et maintenant tu ne veux pas que je travaille !

MARGUERITE.

A la bonne heure. Je serais fâchée de te dérober ce plaisir ; aussi je vois qu'il t'en reviendra des caresses de ton père.

JEANNETTE.

Ah ! je ne sais qui de nous deux est le plus content, lorsque je les mérite. Je vais tâcher d'en gagner. (*Elle sort.*)

SCÈNE III.

MARGUERITE seule.

Chers enfans, le ciel m'en est témoin, c'est pour vous surtout que l'indigence me paraissait affreuse ; et c'est vous qui me donnez les premières consolations. Que je dois bien plus vous aimer, lorsque vous êtes le seul bien qui me reste ! Sans le malheur, je n'aurais pas connu toute votre tendresse. Peut-être m'aiderez-vous à vaincre mon chagrin, à force de combattre pour vous le cacher. Non, je ne troublerai point de mes plaintes la charmante gaîté de votre âge. (*Elle court vers le berceau, en tire l'enfant, le serre entre ses bras, et le regarde avec attendrissement.*) C'est à toi seul que je viendrai dire mes peines, toi qui ne sens rien encore des maux de tes parens. Je puis verser des larmes en ta présence, sans craindre de t'affliger. Heureux enfant, je pleure sur ton sort, et tu me réponds d'un sourire. (*Elle l'embrasse avec transport.*)

SCÈNE IV.

MARGUERITE, JEANNETTE.

JEANNETTE, *arrivant au moment où Marguerite tient l'enfant dans ses bras.*

Ma mère, donne-le-moi à mon tour que je le caresse. (*Elle le prend et l'embrasse.*) N'est-ce pas, mon ami, quand tu seras fort comme moi, tu travailleras aussi pour tes parens? Oh! tu verras comme je vais prendre soin de ta petite personne pour que tu deviennes plus tôt grand et robuste. Tiens, nous sommes occupés, il faut que tu ailles dormir un peu. (*Elle le remet dans son berceau, tandis que Marguerite les regarde l'un et l'autre d'un œil où la tendresse et la joie percent à travers quelques larmes. Jeannette revient vers Marguerite, et lui dit :*) Ma mère, je viens de mettre le vin rafraîchir; prête-moi la clé de l'armoire pour avoir du linge et une camisole pour mon père. (*Elle prend la clé, et ouvre l'armoire.*) Il fait si chaud! Je crois le voir venir trempé de sueur et mourant de fatigue.

MARGUERITE.

Ah! s'il a fait quelque chose de bon pour sa famille, il arrivera tout délassé.

JEANNETTE, *refermant l'armoire et posant du linge blanc sur une chaise.*

Je le connais: C'est qu'il voudra tout de suite s'en aller aux champs. Il n'y a jamais un moment de perdu avec lui.

MARGUERITE.

C'est une bonne leçon pour nous. Toi, par exemple, tu ferais bien de manger ton pain, pour aller à l'ecole quand tu auras embrassé ton père.

JEANNETTE.

A l'école? Oh! je n'y vais plus à présent.

MARGUERITE.

Qu'oses-tu dire, Jeannette! Est-ce que tu ne veux plus apprendre à lire et à écrire? Va, mon enfant, à quelque nécessité que nous soyons réduits, j'espère que notre travail nous mettra toujours en état de te faire instruire. Je me retrancherais plutôt de la moitié de mes besoins.

JEANNETTE.

Il n'y aura plus rien à dépenser pour cela. Est-ce que mon frère Valentin ne lit pas aussi couramment que le magister au pupitre? C'est lui qui sera notre maître à Louison et à moi. Il nous le disait ce matin : Mes sœurs, vous savez que je me repose une demi-heure après le dîner, avant de retourner au travail? Eh bien, si vous voulez, pendant ce temps, je vous commencerai une leçon; et, le soir, à mon retour, je vous l'acheverai. Vous n'aurez qu'à vous bien appliquer, bientôt vous en saurez autant que la plus forte écolière du village. Nous devons commencer aujourd'hui, et tu verras.

MARGUERITE.

Comment! cette pensée est déjà venue à Valentin?

JEANNETTE.

Oui, ma mère, de lui-même. Je ne m'avisais pas d'y songer. C'est moi, disait-il, qui ai le plus coûté à nos parens, parce que je suis le plus âgé. S'ils avaient moins dépensé pour moi, ils auraient encore cet argent, et ils pourraient le dépenser pour mes sœurs. Ainsi donc, il faut que je vous rende autant que je pourrai l'instruction que j'ai reçue, et qu'ils ne sont plus en état de payer pour vous.

MARGUERITE.

Hélas! pouvions-nous penser, en lui donnant des maîtres que vous n'auriez pas un jour le nécessaire? Il nous en a coûté un peu, il est vrai, pour le faire instruire; mais j'en suis aujourd'hui bien contente. Cet argent n'a pas été mal employé. Valentin est reconnaissant, et il cherche de son mieux à nous en donner des preuves.

SCÈNE V.

MARGUERITE, JEANNETTE, LOUISON.

LOUISON, *en sautant*.

Le voici! le voici!

MARGUERITE.

Qui veux-tu dire, Louison?

LOUISON.

C'est mon père; il vient d'arriver.

SCÈNE VI.

THIBAUT, MARGUERITE, JEANNETTE, LOUISON.

MARGUERITE, *courant vers Thibaut, les bras ouverts.*

Ah! mon ami!

JANNETTE, *lui baisant la main.*

O mon père!

LOUISON.

Que je suis joyeuse de te voir de retour!

THIBAUT.

Bonjour, ma femme; bonjour, mes chers enfans.

MARGUERITE.

Tu dois bien être fatigué de ta course.

THIBAUT.

Non, je me sens tout dispos. Mais toi, ma pauvre Marguerite, tu as l'air un peu triste. Tes yeux sont rouges; tus as pleuré, je le vois.

MARGUERITE.

Il est vrai, mon ami, mais n'en sois pas en peine; c'est de plaisir d'avoir de si braves enfans. Si tu savais combien ils m'ont donné ce matin de satisfaction à ton sujet!

THIBAUT.

Tu me fais bien plaisir de me dire ces douces paroles! Il n'y a pas de plus grand bonheur, lorsqu'on fait son devoir, que de le voir faire à ceux qui nous appartiennent. Je suis allé à la ville le cœur plein de votre idée : maintenant que je rentre à la maison, je vois que ma femme et mes enfans se sont occupés de moi. C'est bien consolant!

MARGUERITE.

Veux-tu prendre quelque chose? veux-tu changer d'habit? Jeannette a pourvu à tous ces besoins.

THIBAUT.

Non, je te remercie; Il n'est pas nécessaire. Cette seule pensée me rafraîchit et me délasse. (*Il baise au front Jeannette.*)

MARGUERITE.

Tu as vu monseigneur? Eh! comment l'as-tu trouvé?

THIBAUT.

Comme je m'y attendais. Il a un cœur bon et sensible. C'est un homme, Marguerite, un homme dans toute la force du mot.

MARGUERITE.

Est-il vrai! A-t-il été touché de notre malheur? Conte-moi cela.

THIBAUT.

Aussitôt qu'on lui a dit que j'étais arrivé, sans me faire attendre un moment, il est venu me recevoir, et m'a fait entrer dans la plus belle salle de son hôtel.

JEANNETTE.

Dans la plus belle salle!

THIBAUT.

Oui, Jeannette. Il était à prendre du café avec sa femme. On a fait mettre du jambon pour moi sur la même table ; et madame a bien voulu m'en couper une tranche.

LOUISON.

Madame elle-même ?

THIBAUT.

Vraiment oui, de ses propres mains, et d'une façon bien aimable encore!

MARGUERITE.

Oh ! la chère dame !

THIBAUT.

On n'a pas voulu me laisser parler d'affaires que je n'eusse achevé de déjeûner.

MARGUERITE.

Voyez comme c'est charmant ! Et ensuite ?

THIBAUT.

Eh bien ! mon cher Thibaut, quelles nouvelles, m'a dit monseigneur ? De bien mauvaises, lui ai-je répondu. En huit jours j'ai perdu mon bétail, par une maladie qui est venue à la suite de cette horrible sécheresse. Me voilà ruiné. Je viens vous en avertir, pour que vous soyez libre de donner votre ferme à un autre. Je viens aussi vous offrir tout ce qui me reste dans le monde. Il est bien affligeant pour moi de n'avoir pas assez pour vous satisfaire. Mais je vous promets en honnête homme de travailler nuit et jour, afin de parvenir à vous payer en entier. Le pain va me paraître amer, tant que je ne vous aurai pas satisfait jusqu'au dernier sou.

MARGUERITE.

Oh! certainement; nous le ferons avec joie. Qu'a dit monseigneur?

THIBAUT.

Je savais déjà tes pertes, mon pauvre Thibaut, et j'en suis bien affligé. Que je te plains aussi! a dit madame, avec sa douce voix. Ah! c'est de tout mon cœur.

MARGUERITE.

Le digne couple! Ils sont aussi bons l'un que l'autre.

THIBAUT.

Je ne viens pas, leur ai-je dit, pour vous porter à la compassion envers moi. Je n'en ai pas besoin : je suis en état de travailler. Ce qui me tourmente, c'est de ne pouvoir m'acquitter envers vous. J'avoue que je suis aussi bien triste pour ma femme et pour ma jeune famille, moi qui aurais donné tout mon sang pour qu'elles ne connussent jamais le besoin! Vous êtes riches, vous autres, et vous n'avez pas d'enfans. Vous ne savez pas ce que c'est que de voir souffrir ceux à qui l'on a donné la vie. Ah! si vous aviez des enfans tels que les miens! si vous les aimiez de toute votre âme! si vous en étiez aimé comme je le suis!..... En disant ces mots, la douleur m'a fait cacher le visage entre les mains. Quand j'ai relevé ma tête, j'ai vu monseigneur qui ne me voyait plus. Il était tourné vers sa femme. Ils se regardaient l'un l'autre avec tendresse, et les yeux pleins de larmes. Ce n'était pas seulement de pitié : j'ai bien compris qu'il y avait là-dessous quelque chose qui les touchait en personne.

MARGUERITE.

Et tu ne leur en as pas demandé la cause?

THIBAUT.

Je n'en ai pas eu le courage. Dès que j'ai voulu continuer à leur parler de mes enfans, monseigneur a changé de propos. Je me suis aperçu qu'ils avaient quelque affliction secrète. Je ne savais comment me tirer assez vite de ce sujet : je me suis rabattu à leur parler de mes blés, en comptant ce qui pourrait leur en revenir.

MARGUERITE.

Et monseigneur ne s'est pas mis en colère, lorsque tu lui as fait entendre que tu ne pouvais pas le payer?

THIBAUT.

Non, du tout; au contraire. Écoute, Thibaut, m'a dit ce brave homme, il ne faut pas te désespérer. Retourne vers ta femme. Je vais faire mettre bientôt mes chevaux, et je me rendrai chez toi. Là, nous nous accorderons ensemble. Je t'ai regardé toujours comme un homme de bien, et je prendrai tous les arrangemens que tu voudras.

MARGUERITE.

Est-il possible? Voyons, combien pouvons-nous lui devoir?

THIBAUT.

Dix-huit cents écus.

MARGUERITE.

Justice ciel! comme nous sommes loin de ce compte!

THIBAUT.

Il est vrai. Mais si nous avions sauvé notre bétail, si nos foins avaient rendu cette année, nous aurions de quoi payer cette somme, et une fois au-delà.

MARGUERITE.

Ah, mon ami! qu'allons-nous devenir?

THIBAUT.

Ne perdons pas courage, ma femme. Nos mains valent de l'or. Tant que nous aurons de la force et de la santé, notre dette peut se payer avec le temps : c'est toute ma consolation. Je mourrais bien vite d'étouffement de cœur, si je croyais qu'en mettant un écu au bout l'un de l'autre, je ne parvenais pas à la fin à me libérer. As-tu rassemblé tout l'argent que nous avons chez nous?

MARGUERITE.

Oui, mon ami; je l'ai compté, et je l'ai mis dans le sac. (*Elle va tirer d'un coffre un sac de cuir.*) Il n'y a pas tout-à-fait cent écus ronds.

THIBAUT.

Ils y étaient pourtant, je crois.

MARGUERITE.

Il est vrai; c'est que j'en ai tiré douze francs pour faire aller tant bien que mal notre ménage pendant quelques jours.

THIBAUT, *la regardant fixement.*

Mais, ma chère femme, pouvons-nous tenir notre ménage avec l'argent d'un autre ? Bonté divine ! ne souffre pas que de pareilles pensées nous viennent jamais dans l'esprit. Mets ces douze francs avec le reste, ma chère Marguerite.

MARGUERITE, *avec un soupir.*

Oui, tu as raison, les voilà. (*Elle met les douze francs dans le sac, et va l'enfermer dans le coffre.*)

THIBAUT.

C'est bien. Nous n'avons plus qu'à rassembler nos hardes et nos meubles pour les abandonner à monseigneur. Nous ne garderons que les habits que nous avons sur le corps. De cette manière, nous pourrons nous présenter le cœur net devant lui. Voilà le seul parti que nous ayons à prendre pour n'être pas malheureux. (*On frappe doucement.*)

JEANNETTE, *allant à la porte.*

Il me semble que l'on vient de frapper. Oui, je vois quelqu'un. (*Elle revient, et dit à voix basse:*) C'est M. le bailli.

THIBAUT.

M. le bailli ! Que me veut-il ? Nous n'avons jamais eu rien à démêler ensemble.

MARGUERITE.

Je me sens frissonner par tout mon corps. Nous sommes perdus, mon ami, la justice se met dans nos affaires. Je connais le bailli. Il faut qu'il y ait du malheur, puisqu'il s'en mêle.

THIBAUT.

Tranquillise-toi, ma femme, nous n'avons rien à craindre. Emmène tes enfans, et laisse-moi seul avec lui.

MARGUERITE.

Que me dis-tu? Je ne veux pas te quitter.

THIBAUT.

Non, laisse-nous. Si méchant qu'il soit, il ne m'effraie pas. Tu m'affligerais de rester. Sors je t'en prie.

MARGUERITE.

Puisque tu le veux, il faut t'obéir. (*Elle se retire, en prenant Jeannette et Louison par la main. Le bailli les rencontre à son passage, et les salue. Les petites filles, saisies de frayeur, se pressent contre leur mère, et sortent avec elle.*)

SCÈNE VII.

LE BAILLI, THIBAUT.

LE BAILLI.

Thibaut, ne t'ai-je pas vu passer tout à l'heure sur le chemin de la ville?

THIBAUT.

Cela peut-être, M. le bailli, j'en reviens effectivement. Je suis allé rendre compte à monseigneur du mauvais état de mes affaires.

LE BAILLI.

Comment! sans me consulter! Vous êtes-vous arrangés ensemble?

THIBAUT.

Non, pas encore.

LE BAILLI.

Ah! tant mieux. Je suis venu t'offrir mes services pour te défendre contre lui.

THIBAUT.

Contre lui? N'est-ce pas monseigneur qui vous a fait obtenir la place que vous avez?

LE BAILLI.

J'en conviens. Aussi je ne veux pas agir ouvertement. Mon dessein est de te soutenir en secret. Je te donnerai un homme de loi de la ville, qui te ferait gagner quand tu devrais perdre. Tu m'entends? ce qu'on appelle un grand coquin. Il te servira bien; c'est mon ami.

THIBAUT.

Un grand coquin votre ami! Voyez la sympathie. Je l'aurais deviné.

LE BAILLI.

On ne prend pas ces choses au pied de la lettre. Je veux dire un homme qui saura te tirer d'embarras. La circonstance t'est favorable. Lorsque l'année se trouve extraordinairement mauvaise, les juges accordent des dédommagemens aux fermiers contre leurs seigneurs.

THIBAUT.

Et donnent-ils aux seigneurs des reprises contre leurs fermiers, quand l'année se trouve extraordinairement bonne?

LE BAILLI.

Non.

THIBAUT.

En ce cas, je n'irai point solliciter vos juges. Si j'avais gagné deux mille écus sur ma ferme, monseigneur n'aurait eu rien à réclamer de moi.

LE BAILLI.

Tu méprises donc la justice, quand elle vient à ton secours?

THIBAUT.

Je ne méprise point la justice; mais j'estime encore plus ma conscience. Si j'ai fait un marché qui ne soit pas contre la loi, la loi n'a rien à y voir. Elle aurait beau me décharger de mon engagement, l'honneur me condamnerait à le remplir.

LE BAILLI.

Ton honneur ni ta conscience ne souffrent en rien dans cette affaire. Ce n'est pas ta faute si tu as essuyé une si grosse perte?

THIBAUT.

Qu'en savez-vous? Peut-être ai-je eu tort d'acheter à la fois tant de bétail. Je n'avais qu'à en acheter seulement la moitié, je n'aurais pas tant perdu; et il me serait resté de l'argent pour payer mon fermage.

LE BAILLI.

Ta faute ou non, elle est commise. Et sais-tu bien à quoi tu t'exposes en te livrant à la discrétion de M. de Verville? il peut te faire emprisonner.

THIBAUT.

S'il a ce droit sur moi, pourquoi voudrais-je le

lui faire perdre? S'il veut me traiter avec humanité, pourquoi lui en dérober le plaisir?

LE BAILLI.

Quand il ne te poursuivrait pas avec rigueur, il est mortel, et ses héritiers ne seront pas si traitables. Au lieu qu'en recourant à la justice, tu peux te mettre à l'abri de tout au moyen d'une quittance finale qu'elle te fera donner.

THIBAUT.

Quoi! la justice irait faire accroire à monseigneur qu'il est payé, avant qu'il ait reçu jusqu'au dernier sou?

LE BAILLI.

Non; mais après avoir pris connaissance de tes affaires, elle lui témoignera que tu es dans l'impuissance de le payer.

THIBAUT.

Je n'ai pas besoin d'elle pour cela. Je le ferai bien voir aussi clairement à monseigneur. Il sait les malheurs qui m'ont réduit à l'état fâcheux où je me trouve. Il ne peut pas maintenant prendre plus que je ne possède.

LE BAILLI.

Sans doute: mais il faut toujours se mettre en règle. D'abord, l'homme de loi que je te donnerai te dressera une requête pour me demander un rapport de justice. Alors je ferai avec les experts une estimation de tes blés, puis un inventaire de tes meubles, et ensuite nous procéderons.

THIBAUT.

Et cela se fait-il pour rien?

LE BAILLI.

Ce ne serait pas juste. Il y a les droits de ma place. Mais ce n'est pas toi qui les paies. Ils seront prélevés avec tout sur ce qui reviendrait de tes deniers à M. de Verville.

THIBAUT.

C'est donc autant de moins qu'il en recevrait?

LE BAILLI.

Que t'importe?

THIBAUT.

Comment, M. le bailli, que m'importe? Je n'irai pas vous laisser palper une partie de mon argent, vous à qui je ne dois rien, pour en fruster monseigneur, à qui j'ai tant d'obligation des bontés qu'il a toujours eues pour moi.

LE BAILLI.

Tu n'en serais pas moins quitte envers lui. Il serait obligé de se contenter, pour sa créance entière, de l'abandon de tes effets; encore t'en ferais-je conserver une partie, et ce que tu pourrais gagner ensuite serait pour toi.

THIBAUT.

Ce n'est pas ainsi que je l'entends. Tout ce qui me reste aujourd'hui, je veux le céder à monseigneur; et tout ce que je pourrai ménager ensuite chaque jour, après avoir nourri ma famille, je le ramasserai pour m'acquitter peu à peu envers lui.

LE BAILLI.

Y penses-tu, de vouloir t'épuiser de travail sans en tirer de profit? Veux-tu passer ta vie entière à labourer pour les autres?

THIBAUT, *avec sensibilité.*

Ah! vous ne savez pas le plaisir que l'on ressent à se trouver content de soi-même. Avec quelles larmes de joie je lui apporterai de temps en temps le fruit de mes sueurs! Quel bonheur je goûterai de pouvoir lui témoigner ma reconnaissance, de lui montrer qu'il ne s'est pas trompé sur mon compte en me croyant un honnête homme, et qu'en perdant toute ma petite fortune, je n'ai rien perdu de ma probité!

LE BAILLI.

Je vois, mon pauvre Thibaut, que tu n'entends rien aux affaires.

THIBAUT.

C'est-à-dire que je ne veux pas vous aider à faire les vôtres. Croyez-vous que je sois la dupe de notre avarice? Vous ne cherchez qu'à m'embarquer dans un procès pour en tirer du profit. Que n'alliez-vous offrir contre moi vos services à monseigneur? Vous savez qu'il avait trop de bonté pour vouloir achever ma ruine en me poursuivant avec rigueur; et vous avez cru que moi, j'aurais assez d'ingratitude pour chercher à lui soustraire ce que je lui dois si justement? Non, M. le bailli, oubliez, si vous voulez, ses services; moi, je veux m'en souvenir jusqu'au dernier de mes jours. Je n'ai pas eu besoin de vous jusqu'ici, je saurai toujours m'en passer. Allez chercher d'autres pratiques à ces coquins dont vous faites vos amis.

LE BAILLI.

Quoi ! tu oses m'injurier ! Sais-tu que je puis tôt ou tard te faire sentir ma vengeance ?

THIBAUT.

C'est moi qui vous ferais trembler de la mienne, si j'allais découvrir vos sourdes manœuvres à monseigneur.

LE BAILLI.

Ah ! mon cher Thibaut, je t'en conjure....

THIBAUT.

Sortez, lâche que vous êtes. Je ne suis pas plus capable d'abuser de mes avantages que de vos conseils. (*Le bailli se retire avec confusion.*)

SCÈNE VIII.

THIBAUT seul.

Les voilà, ces gens qui devraient faire fleurir la paix dans les campagnes ! Ils ne cherchent qu'à y porter le trouble et la division. Ce sont eux qui sont la ruine du paysan, en le précipitant dans les procès. Au lieu d'entretenir la bonne intelligence entre le pauvre et le riche, ils ne travaillent qu'à les aigrir l'un contre l'autre. Eh ! quel est le seigneur qui n'aurait pas du plaisir à traiter humainement son fermier, s'il savait que celui-ci le regardât comme son père ? O M. de Verville, soyez le mien ! Je vous abondonne avec confiance bien plus que ma propre destinée, c'est le sort de ma femme et de mes enfans.

FIN DU PREMIER ACTE.

ACTE II.

SCÈNE PREMIÈRE.

THIBAUT, MARGUERITE.

THIBAUT.

Non, te dis-je, Marguerite, nous n'avons rien à craindre du bailli. Je t'assure qu'il a une plus grande peur de moi dans ce moment, qu'il ne m'en fera jamais.

MARGUERITE.

À la bonne heure. Je sais que tu ne voudrais pas me tromper, quand ce serait pour me rendre plus tranquille.

THIBAUT.

Rassure-toi donc. J'ai une bonne nouvelle à t'apprendre. Je croyais que Gervais avait perdu, comme moi, tout son bétail. Mais, en donnant un coup-d'œil à notre jardin, j'ai vu à travers la haie quatre belles vaches qui paissent là-bas dans sa prairie.

MARGUERITE.

Eh bien! mon ami?

THIBAUT.

C'est qu'il y a un accord entre nous, par lequel il me revient deux de ces bêtes.

MARGUERITE.

Et comment donc?

THIBAUT.

Je vais te le dire. Lorsque la maladie commençait à se répandre sur nos bestiaux, je vis Gervais fort triste. Comme j'étais alors plus fortuné que lui, je lui promis de ne pas le laisser dans la peine. Il me remercia d'une manière si touchante de ma bonne volonté, que je voulus sur-le-champ lui en donner une preuve. Quoique mon troupeau fût plus nombreux que le sien, nous convînmes que nous mettrions ensemble toutes nos bêtes qui réchapperaient de la maladie, et que nous partagerions par égale moitié. J'étais alors bien loin de penser que cet arrangement ne dût pas tourner à son avantage. Aujourd'hui même je ne voudrais pas en profiter, s'il ne regardait que nous seuls; mais je n'en suis plus le maître. Je me vois obligé de rassembler tout ce que j'ai au monde pour l'adandonner à monseigneur. Je me croirais coupable d'un vol, si je ne réclamais à son profit jusqu'à la moindre chose qui doit me revenir.

MARGUERITE.

Et as-tu vu Gervais depuis nos pertes?

THIBAUT.

Non; mais tout à l'heure, je lui ai dépêché notre fils George par la petite porte du jardin. Tiens le voici déjà de retour.

SCÈNE II.

THIBAUT, MARGUERITE, GEORGE.

THIBAUT.

Eh bien, mon fils! que dit Gervais?

GEORGE.

Qu'il ne sait de quoi je parle, ni ce que vous avez à demander des ses vaches.

THIBAUT, *d'un air surpris.*

Il faut sans doute que tu aies fait ton message de travers.

GEORGE.

Non, non, mon père. Je lui ai dit fort clairement la chose comme vous me l'aviez commandée. Il a si bien compris mes paroles qu'il les a rapportées au bailli, qui venait le voir. Au reste, il va venir vous parler lui-même.

THIBAUT.

Bon, bon; les choses s'arrangeront entre nous au premier mot. Gervais sait aussi bien que moi ce que nous nous sommes promis l'un à l'autre.

MARGUERITE.

As-tu quelque assurance par écrit de sa promesse?

THIBAUT.

Je n'en ai pas besoin, ma femme. Peut-il y avoir d'assurance mieux écrite que notre parole même? Quand celle-ci ne tient pas, la probité ne tient plus.

MARGUERITE.

Tu t'imagines que tout le monde pense comme toi. Ah! mon ami, dès qu'il s'agit d'intérêt.....

THIBAUT.

Que dis-tu? Jamais je ne croirai ces vilenies de mon voisin; je l'ai toujours regardé comme un brave homme. Mais le voici; tu verras comme tout va s'expliquer. (*A George.*) Je n'ai plus besoin de toi, mon fils; tu peux retourner à l'ouvrage.

GEORGE.

Oui, mon père. (*Il sort.*)

SCÈNE III.

THIBAUT, MARGUERITE, GERVAIS.

THIBAUT.

Tu as bien fait, Gervais de venir toi-même. Je parie que George aura brouillé toute sa commission.

GERVAIS.

Je le croirais; car je n'ai rien compris à ce qu'il voulait me faire entendre. Il m'a dit que tu envoyais chercher mes vaches.

THIBAUT.

Non; je lui avais ordonné de te demander les miennes.

GERVAIS.

Tes vaches?

THIBAUT.

Oui, oui, de celles que j'ai vues dans ta prairie. N'en as-tu pas sauvé quatre?

GERVAIS.

Sans doute ; mais sont-elles à toi ?

THIBAUT.

Deux de celles-là m'appartiennent. Ne nous sommes-nous pas donné parole de partager en bons amis ce qui nous resterait ?

GERVAIS, *d'un air embarrassé.*

Mais, Thibaut.....

THIBAUT.

Point de détour. Dis nettement si cela n'a pas été convenu entre nous.

GERVAIS.

Je ne puis en disconvenir, mon voisin ; mais on dit bien des choses qui ne peuvent pas ensuite se pratiquer. Considère un peu ma situation. D'un si beau troupeau que j'avais, ne sauver que quatre têtes, et t'en donner deux !

THIBAUT.

Je suis plus à plaindre, moi qui suis forcé de te les demander. Quand nous avons fait notre accord, pour lequel de nous devait-il être le plus avantageux ? N'avais-je pas un plus grand nombre de vaches que toi ? n'était-ce pas un moyen plus honnête que j'employais pour te secourir ? Ne le regardais-tu pas toi-même comme un bienfait de ma part ? Ose le désavouer.

GERVAIS.

Tant s'en faut, mon voisin ; mais après une si grosse perte....

THIBAUT.

Voilà donc à quoi tient ta probité ? Tu es un de

ces honnêtes gens qu'on voit marcher d'un pied assez ferme dans le bonheur, mais qui trébuchent à tous pas dans la disgrâce. Marguerite t'avait mieux connu que moi. Je vois bien qu'il ne faut le plus souvent priser la droiture que pour sa propre valeur.

GERVAIS.

Mais le bailli vient de m'assurer que la justice même ne saurait me condamner là-dessus.

THIBAUT.

Je n'ai plus rien à te dire, si tu consultes la chicane avant ta conscience. J'étais ton ami, et je m'en souviens encore assez pour ne pas te citer devant les juges, et te faire déclarer tout haut ta malhonnêteté. Va, je te laisse tes vaches. Je ne te les aurais jamais demandées pour moi-même. Ce n'était que pour m'acquitter envers M. de Verville. J'en travaillerai un an de plus pour lui. Tu peux te retirer. Je te rends ta parole.

GERVAIS, *avec l'accent du désespoir.*

Ah! Thibaut, tu me portes le couteau dans le cœur. (*Il se retire à pas lents.*)

SCÈNE IV.

THIBAUT, MARGUERITE.

THIBAUT, *cachant sa tête dans ses mains.*

Il m'a trompé, lui que je croyais mon plus fidèle ami! Était-ce de sa part que je devais l'attendre?

MARGUERITE, *s'approchant de lui.*

Allons, mon cher homme. C'est mon tour de te donner un peu de courage.

THIBAUT.

Ah ! Marguerite, j'en ai contre toute les pertes de la richesse, mais non contre celle de l'amitié.

MARGUERITE.

Console-toi. Nous trouverons des amis plus sûrs. Tiens, voici le riche Robert. Il a peut-être quelque chose de bon à te proposer.

SCÈNE V.

THIBAUT, MARGUERITE, ROBERT.

ROBERT.

Bonjour, Thibaut. Eh bien ! comment cela va-t-il ?

THIBAUT.

Fort mal, Robert. Tu dois certainement savoir que je suis ruiné.

ROBERT.

Oui, l'on vient de me le dire; et c'est pour cela que je suis venu te voir.

THIBAUT.

Je n'ai plus rien.

ROBERT.

Comment donc ? tu as encore un beau champ de blé, dont tu peux faire de plus beaux écus. Si tu veux le vendre, je suis ton homme. Je te l'achète sur pied, tel qu'il est, argent comptant. Qu'en dis-tu ?

THIBAUT.

— Est-ce que tu en aurais envie ? Tant mieux. Monseigneur doit venir ce matin. Tu pourras t'arranger avec lui. Je n'airai pas sur ton marché.

ROBERT.

Je n'ai rien à voir avec monseigneur. C'est ton blé.

THIBAUT.

Il m'appartenait il y a quelques jours. Il n'est plus à moi maintenant.

ROBERT, *avec surprise.*

Comment ! est-ce que tu lui aurais vendu ?

THIBAUT.

Non ; mais, depuis que j'ai vu mourir mes bestiaux, je suis hors d'état de le payer. Je lui abandonne tout ce que je possède.

ROBERT.

Es-tu fou, Thibaut ? Tant qu'il ne s'est pas pourvu en justice pour se faire adjuger ton grain par forme de nantissement, il t'appartient ; et tu peux en faire ce qu'il te plaira. Tu as déjà trop perdu pour perdre encore le reste. Demande à Marguerite ce qu'elle en pense.

MARGUERITE.

Je pense qu'il nous faut d'abord payer ce que nous devons, à quelque prix que ce soit. Si nous n'avons plus notre bétail, monseigneur n'en a pas profité. Cette perte nous regarde, et non pas lui.

ROBERT.

Mais cela ne va pas jusqu'à se mettre sans pain. Il faut garder quelque chose pour remonter au-dessus de ses affaires.

THIBAUT, *le regardant d'un air sévère.*

Et cela au dépens de notre bon seigneur ?

ROBERT.

Il est riche. Tout ce qui lui réviendrait de votre abandon serait pour lui moins qu'un écu pour vous.

THIBAUT.

Il pourrait s'en passer, je le crois; mais est-ce à moi de le prendre? Cela te paraît-il juste?

ROBERT.

Comme si tu ne savais pas que c'est un homme compatissant et généreux!

THIBAUT.

C'est pour cela même qu'on est obligé d'en user plus honnêtement envers lui.

MARGUERITE.

Parce qu'il traite bien les autres, vous croyez qu'il faudrait le maltraiter.

THIBAUT.

Allons, Robert, ce serait une infamie.

ROBERT.

Ne sois donc pas si fier, et sois un peu moins avisé. Il n'y a que la manière de voir les choses. Il te ferait sans doute du bien : pour en être plus sûr, tu te le fais à toi-même. Est-ce un mal de se mettre au nombre des malheureux qu'il soulage?

THIBAUT.

Il n'aurait pas long-temps à jouir de cette douceur, si tous ses fermiers suivaient tes avis.

ROBERT.

Que tu es obstiné. Je perds mon temps avec toi. Je n'ai qu'un mot à te dire. Veux-tu me vendre ton blé, oui ou non?

THIBAUT, *avec un sourire de mépris.*

Ah! je comprends à merveille. Je devine ce qui te fait prendre tant de part à mon malheur. Écoute, tu es riche, et ce marché ne serait pour toi qu'une bagatelle. J'ai un meilleur coup à te proposer de faire ensemble.

ROBERT.

Voilà qui est raisonnable. Voyons.

THIBAUT.

Monseigneur est près d'arriver. Il porte toujours sur lui une bourse bien garnie, une montre d'or et des bijoux précieux. Veux-tu que nous allions l'attendre au coin de la forêt, pour lui enlever sa dépouille? C'est une bonne affaire, celle-là!

ROBERT, *reculant deux pas en arrière.*

Y penses-tu, Thibaut?

THIBAUT.

Il est si riche! Ce qu'il perdrait de l'aventure serait pour lui moins qu'un écu pour nous.

ROBERT.

Oui; mais le gibet!

THIBAUT.

Il n'y a donc que cela qui t'arrête. Si j'étais juge, Robert, je te ferais bien voir que ce que tu me proposes ne le mérite pas moins. Prendre à quelqu'un son argent dans sa poche, ou lui enlever les fruits de sa terre, quand on est hors d'état de le payer, je ne sais lequel de ces deux vols est le plus affreux.

ROBERT.

J'y vois une grande différence.

THIBAUT.

Cela peut être; mais donne-toi la peine d'y réfléchir, et tu penseras comme moi.

ROBERT.

Je n'ai garde, vraiment. Je ferais de beaux profits avec cette manière de raisonner. Allons, Thibaut, songe un peu mieux à tes affaires. Ton seigneur t'aura de grandes obligations, quand tu te seras réduit à la misère pour lui! Tu n'y gagneras que des mépris de sa part et de plus mauvais traitemens.

THIBAUT.

Oui; s'il avait un cœur tel que le tient, j'aurais sujet de le craindre.

ROBERT.

Mais dis-moi donc, homme intraitable, quel mal je fais, lorsque je veux empêcher ta famille de souffrir les horreurs du besoin? C'est toi qui seras coupable de ses souffrances et de sa mort. Je ne demande qu'à te donner la valeur de ton blé, si tu es raisonnable. Et avec cet argent.....

THIBAUT, *lui saisissant brusquement le poignet.*

Robert, j'ai perdu en huit jours toute ma richesse, et je me vois au moment de n'avoir plus une obole. Mais, avant que je songe à pourvoir aux besoins même les plus pressés de ma subsistance par quelque moyen deshonnête (*il ôte son chapeau*), je demande au ciel de me foudroyer de son tonnerre.

ROBERT, *avec un sourire moqueur.*

A la bonne heure. Que t'importent ta femme et tes enfans? laisse-les mendier leur pain. Tu auras le plaisir, sur ton fumier, de t'entendre appeler le brave Thibaut, l'honnête homme.

THIBAUT.

Et toi, on ne t'appellera jamais qu'un fripon. Malheureux! tu as plus d'argent qu'il ne t'en faut pour vivre; et, dans l'avidité d'en amasser encore tu veux dépouiller les autres, et me rendre scélérat comme toi. (*Il le prend par les épaules.*) Sors à l'instant de ma maison, ou je suis capable de t'assommer. (*Il le chasse honteusement.*)

SCÈNE VI.

THIBAUT, MARGUERITE.

THIBAUT.

Je n'ai vu de ma vie un plus effronté coquin. Il sait l'horreur que j'ai pour la moindre injustice, et il vient du premier abord me proposer un vol épouvantable. Il n'en aurait pas eu l'audace lorsqu'il me savait à mon aise! L'indigence doit être bien affreuse, si elle expose à de pareils affronts! O Marguerite! ne nous laissons jamais ébranler par les tourmentes de la misère. Plus nous sommes pauvres, plus il faut nous roidir de notre probité.

MARGUERITE.

On croirait, autrement, que nous n'avions de l'honneur que par la richesse.

THIBAUT

Voilà ce qui me console des indignités que je viens

Sors à l'instant de ma maison ou je suis capable de t'assommer.

L'AMI DES ADOLESCENS.

de souffrir. N'écoutons plus les autres, ma femme. Nous n'avons besoin que de nous-mêmes. (*On entend du bruit à la porte.*) Qui frappe? Ne pourrai-je donc avoir un seul moment de repos!

SCÈNE VII.

THIBAUT, MARGUETITE, PELAGE.

PELAGE.

Bonjour, mes braves gens.

THIBAUT, *s'avançant brusquement vers lui.*

Que me veux-tu, Pélage? Viens-tu nous proposer aussi quelque noirceur!

PELAGE, *d'un ton calme.*

Moi, Thibaut! en as-tu jamais entendu de ma bouche.

THIBAUT, *se jetant dans ses bras.*

Non, non, pardonne : c'est un reste d'indignation qui m'emportait. Si tu savais ce qui m'arrive depuis une heure, tu m'excuserais de me défier de tous les humains. L'homme de la justice veut me faire commettre une iniquité; mon ami me paie d'un bienfait par de l'ingratitude; et le plus riche habitant du village marchande ma droiture pour un misérable profit.

PELAGE.

Oublie ces malheureux. S'ils ont choisi le mal pour métier, tu es bien bon de t'offenser de leur infamie. Écoute, je n'ai que deux mots à te dire. Je sais que tu es hors d'état de payer M. de Verville. Il me serait impossible pour le moment de t'avancer la somme qui te manque; mais tâche d'obtenir du temps. J'ai de quoi répondre : je serai ta caution, et tu garderas ta ferme.

MARGUERITE, *à Thibaut, qui reste immobile, frappé d'une vive surprise.*

Vois, mon ami, quelle honte ! (*A Pélage.*) O mon cher voisin, d'où te vient pour nous une pensée si secourable ?

PELAGE.

Elle est toute simple. Le brave Thibaut, me suis-je dit, a soulagé de son mieux tous ceux qu'il a vus dans la peine. Il serait bien affreux qu'il ne trouvât personne pour l'en retirer à son tour; et je suis venu.

MARGUERITE, *à part.*

Il semble que le ciel nous l'envoie.

PELAGE.

Eh quoi ! Thibaut, tu ne dis rien ? (*Il lui tend la main.*)

THIBAUT, *la prenant avec vivacité, et la serrant dans les siennes.*

Ah ! mon cher Pelage, ne crois pas que se soit par indifférence. Je suis pénétré jusqu'au fond du cœur de tes offres; mais je ne puis les accepter.

PELAGE.

Pourquoi donc ? Elle ne te seront pas inutiles. Dans quelque bonne disposition que M. de Verville soit à ton égard, il deviendra plus facile encore en se voyant pleinement en sûreté par ma caution.

THIBAUT.

Mais qui me servira de caution envers toi-même?

PELAGE.

Ta probité, ton intelligence et ton amour du travail.

THIBAUT.

Tu vois ce qu'ils m'ont valu jusqu'à présent. Il a suffi d'une mauvaise année pour me ruiner, une seconde ne ferait qu'ajouter ta ruine à la mienne.

PELAGE.

N'importe, j'en cours les risques.

THIBAUT.

Et voilà ce que je ne veux point. C'est bien assez de souffrir avec ma famille, sans voir que mes amis souffrent aussi pour moi. Je n'aurais plus un moment de tranquillité. Un brouillard, un nuage, le moindre tourbillon de poussière, jetterait l'épouvante dans mon esprit.

PELAGE, *avec instance*.

Mon cher Thibaut, si tu savais combien tu me désoles par tes refus ! je ne pourai donc rien faire pour toi !

THIBAUT.

Tu en as fait assez en soulageant mon pauvre cœur. Il est déchiré ; mais les larmes que je vois dans tes yeux servent de baume à ses blessures. O mon bon ami, quoiqu'il soit bien triste d'être réduit à la pitié des autres, il y a toujours une grande différence d'être plaint ou d'être maudit. Grâces au ciel, tu n'auras jamais à regretter de m'avoir connu. En quelque endroit que je te rencontre, je n'aurai pas besoin d'enfoncer mon chapeau sur les yeux, ou de détourner la tête, pour n'avoir pas à rougir de ta présence.

PELAGE.

Plus tu me résistes, plus je sens croître mon amitié. Et toi, cruel, tu ne veux pas me donner la tienne.

THIBAUT.

Pensez-y donc, je t'en supplie. Je sais tes faibles moyens. Serais-je ton ami en te plongeant dans l'embarras pour m'en soulever ? Non, mon bon voisin, je ne suis coupable de la ruine de personne ; et l'on ne pourra jamais dire que je le sois devenu. Aussi long-temps que je vivrai, je veux m'endormir avec un cœur innocent. C'est alors qu'une poignée de paille vous fait un lit de roi.

PELAGE.

Je ne te presse plus. Je sens que je ne suis pas digne de finir tes peines. Le ciel sans doute s'en réserve l'honneur. Je ne te demande que la préférence après lui ; et mes bras, et ma petite fortune, tu les trouveras toujours à ton service. Adieu. (*Il sort. Thibaut le conduit jusqu'à la porte en lui serrant la main.*)

SCÈNE VIII.

THIBAUT, MARGUERITE.

THIBAUT.

Ah ! Merguerite, j'ai donc un ami ! Je suis pourtant bien aise qu'il s'éloigne. J'allais peut-être céder à ses prières, de peur de l'affliger. Nous voilà délivrés d'une tentation si violente. Il faut empêcher qu'elle ne revienne. Allons, ma femme, il s'agit de prendre un parti vigoureux. Viens avec moi rassembler jusqu'à nos moindres effets. Que tout soit prêt avant l'arrivée de monseigneur! il pourrait croire que nous avons un instant balancé dans notre devoir.

(On baisse le rideau.)

FIN DU SECOND ACTE.

ACTE III.

(Le rideau se lève; on voit des meubles dispersés de toutes parts, et sur une grande table un tas de hardes et de linge.)

SCÈNE PREMIÈRE.

THIBAUT, MARGUERITE.

THIBAUT.

Courage, Marguerite; soutiens tes forces autant que tu le pourras, jusqu'à ce que notre besogne soit achevée.

MARGUERITE.

La voilà, je crois, finie.

THIBAUT.

Comment! c'est là tout ce que nous avons à donner à monseigneur! Je n'ai jamais tant désiré d'être un peu mieux dans nos petites affaires, qu'au moment de m'en dépouiller. As-tu bien regardé dans tous les coins?

MARGUERITE.

Oui, mon ami; j'ai renversé chaque tiroir de l'armoire.

THIBAUT, *en prenant haleine.*

Je me sens maintenant plus léger. Il me semblait que je portais tout cela sur mon cœur, prêt à l'étouffer.

MARGUERITE.

Tu dois avoir bien de la fatigue? Ne prendrais-tu pas un doigt de vin pour te rafraîchir?

THIBAUT.

Mets-en pour nous deux dans ce gobelet. (*Il va prendre sur la table un gobelet d'argent.*)

MARGUERITE, *en y versant du vin.*

Qu'as-tu donc? ta main tremble.

THIBAUT.

Que veux-tu? il y tant d'années que ce meuble était dans la famille!

MARGUERITE.

Il n'en sort pas au moins pour une mauvaise cause.

THIBAUT.

C'était l'usage que le grand-père le donnât en mourant à l'aîné de ses petits-fils; et moi je ne pourrai pas le donner au mien!

MARGUERITE.

Tu n'y auras pas de regret. Ta bénédiction n'en sera que plus pure.

THIBAUT.

Oui j'aurai cette consolation. (*Il boit, et montrant ensuite le gobelet à Marguerite.*) Vois la première lettre de ton nom que j'y avais fait entrelacer avec la mienne.

MARGUERITE.

Eh bien! mon ami, cette image ne nous fait pas de reproches. Nous avons encore été plus unis.

THIBAUT.

Et nous le serons toujours, quoique ce soit la dernière fois que nous y boirons ensemble. Tiens, le voilà, chère femme. (*Il donne le gobelet à Marguerite, et tandis qu'elle le porte à sa bouche avec un soupir:*) Allons, il faut maintenant arranger proprement tout ceci. Commençons par mon habit de noces. (*Il l'ôte de dessus la table, le déploie et le considère.*) Que j'étais content, Marguerite, lorsque je le mis pour la première fois en te menant à l'église! Combien souvent il m'a donné d'agréables souvenirs! Je n'ai jamais ouvert l'armoire sans le regarder, et je ne l'ai jamais regardé sans penser avec joie au jour de notre mariage. Il me rend maintenant joyeux d'une autre manière.

MARGUERITE.

En quoi donc, mon ami?

THIBAUT.

De l'avoir si bien conservé pour qu'il nous aide à payer un peu de nos dettes. Vois comme il se trouve encore en bon état. On ne fait plus de ces grandes manches et de ces larges plis. Je suis bien aise que dans le temps on n'y ait pas épargné l'étoffe. Il y aurait presque de quoi en faire deux, tels qu'on les porte aujourd'hui.

MARGUERITE.

Voilà aussi le mien. Il faut les mettre l'un avec

l'autre. Nous prierons monseigneur de les faire vendre à la fois. J'aurais de la peine qu'ils fussent séparés.

THIBAUT.

Ne sois donc pas si superstitieuse. Quand ils le seraient, ma femme, que nous importe? Nos cœurs en seraient-ils plus divisés pour cela?

MARGUERITE.

Non, Thibaut, je n'ai pas à le craindre. Ce n'est pas une superstition, mon ami; c'est un...... je ne sais comment te le nommer. Mais toujours j'aimerais mieux qu'ils restassent ensemble.

THIBAUT.

Allons, tranquillise-toi. Monseigneur n'ira pas contre cette petite faiblesse. (*Il trouve sous sa main un petit paquet proprement couvert d'un linge blanc.*) Quel est ce paquet?

MARGUERITE.

C'est celui de Valentin. Tu sais bien; ces hardes et ces bijoux que nous trouvâmes avec lui dans son berceau. Cela doit être encore d'un grand prix. Tiens, regarde.

THIBAUT, *voyant que Marguerite commence à défaire le paquet, lui retient le bras.*

Comment, ma femme! nous n'y avons aucun droit, et monseigneur ne peut y avoir de prétentions. Il appartiendra toujours à Valentin. Si c'était notre enfant, ce serait une autre affaire. Remets le paquet dans cette cassette. Nous en parlerons à M. de Verville.

MARGUERITE.

Pourvu qu'il se contente de nos paroles!

THIBAUT.

Je n'en suis pas en peine. Il est sensible et juste. Lorsque je lui aurai conté l'aventure, il sera de mon avis.

SCÈNE II.

THIBAUT, MARGUERITE, LOUISON.

LOUISON, *portant des hardes sur ses bras.*

Tiens, mon père, voici mes habits de dimanche et ceux de Jeannette. Vais-je les mettre sur la table?

THIBAUT.

Oui, ma fille, auprès de ceux de tes parens.

MARGUERITE, *les larmes aux yeux.*

O mes pauvres enfans! que je suis affligée pour vous!

THIBAUT.

C'est de la joie, ma femme, et non du chagrin qu'ils nous donnent. Faut-il pleurer de leur voir de l'honneur? (*Il embrasse tendrement Louison.*) Dis-moi donc, est-ce que tu voudrais garder tes habits?

LOUISON.

Sûrement, si vous pouviez aussi garder les vôtres. Mais puisque vous êtes obligés de les donner à monseigneur, je ne veux plus des miens. Ne lui devez-vous pas tout ce que vous avez?

THIBAUT.

Tout, ma fille.

LOUISON.

J'aimerais mieux aller avec un sarrau déchiré, que si l'on disait : Voyez Louison, comme elle est pimpante. C'est de l'argent d'un autre.

THIBAUT.

Bien, ma chère enfant. Voilà comme il faut penser. Avec ces sentimens dans le cœur, jamais on n'est malheureux. On ne perd ni son estime ni son courage.

MARGUERITE.

Ton père a raison, ne crains pas de manquer. Nous travaillerons jour et nuit pour que tu aies tous tes besoins, ainsi que ta sœur.

LOUISON.

Et nous aussi nous travaillerons de notre mieux pour tâcher de vous les rendre.

THIBAUT.

En nous aidant ainsi, j'espère que nous pourrons sortir de l'état fâcheux où nous sommes. Mais quand il nous faudrait y rester, au moins nous n'aurons pas de reproche à nous faire. Aucun homme sur la terre n'osera nous mépriser, ni vous regarder de travers. On pourra vous dire après notre mort : Vos parens étaient pauvres ; mais on ne pourra pas vous dire : Ils étaient de malhonnêtes gens. Vous n'aurez pas à rougir d'aller répandre des larmes sur leur sépulture. Vous n'y trouverez personne qui vous en repousse, pour la fouler avec indignation sous leurs pieds à vos yeux.

LOUISON, *avec vivacité.*

Mon père, je vais voir si je n'ai rien oublié. Quand Jeannette aura fini, nous aurons quelque autre chose à t'apporter encore.

SCÈNE III.

THIBAUT, MARGUERITE.

THIBAUT.

Eh bien ! ma femme, encore un air abattu ! Nos enfans auraient-ils plus de courage que nous-mêmes ? Nous avons toute leur tendresse ; il ne faut pas la perdre en leur donnant sujet de nous moins estimer. Ils savent que ce n'est pas la mauvaise conduite qui a fait notre malheur, mais nous pourrions leur en paraître coupables en nous y laissant accabler par un lâche désespoir. Allons, ne regardons nos peines que pour y voir la consolation que nous donnent ces chers enfans.

MARGUERITE.

Oui, mon ami, il n'en est pas de plus douce pour une mère. Aurais-je dû m'attendre à leur trouver de si bonne heure tant de force et de raison ?

THIBAUT.

Pourquoi non, Marguerite ? Va, je n'ai jamais craint qu'une si brave femme ne me donnât pas des enfans comme elle. Ils seront le bâton de notre vieillesse. Nous pourrons nous y appuyer avec assurance, quand le grand âge nous aura courbés.....

Mais j'entends la voix de Valentin. J'ai quelque chose d'important à lui dire. Marguerite, si j'osais te prier de me laisser seul avec lui?

MARGUERITE.

Que me demandes-tu? Tout ce qui le regarde ne me touche-t-il pas autant que toi-même? Crois-tu qu'il me soit moins cher qu'à toi?

THIBAUT.

C'est précisément ta tendresse pour lui que je crains en ce moment.

MARGUERITE.

Tu me fais frémir. Quel est donc ce secret? est-ce quelque malheur dont il soit menacé?

THIBAUT.

Non, ma chère amie; c'est au contraire de son bien-être qu'il s'agit.

MARGUERITE.

Et tu crains de m'avoir pour témoin?

THIBAUT.

Eh bien! reste, si tu le veux. Mais promets-moi, quelque chose que je puisse dire, de ne pas me démentir. Si tu l'aimes, si tu ne cherches que son bonheur, il faut que tu m'appuies dans ce que je vais lui annoncer.

MARGUERITE.

Pourquoi ne m'avoir pas d'abord confié tes desseins?

THIBAUT.

Les voici, tu vas les entendre en sa présence.

5.

SCÈNE IV.

THIBAUT, MARGUERITE, VALENTIN.

VALENTIN.

Bonjour, mon père ; je suis venu savoir si tu étais heureusement de retour.

THIBAUT.

Oui, mon fils, ainsi que tu le vois.

VALENTIN.

Et comment as-tu été reçu de monseigneur?

THIBAUT.

Aussi bien que je le désirais. Il n'est pas de ces hommes fiers et insensibles qui s'imaginent que les pauvres gens de la campagne ont à peine le nom d'homme. Il doit venir ici tout à l'heure pour recevoir mes comptes. Et voilà ce que je suis prêt à lui remettre pour commencer à m'acquitter envers lui.

VALENTIN.

Quoi! tu vas te voir dépouillé dans un moment de ce que tu as eu tant de peine à gagner?

THIBAUT.

Ce n'est pas ce qui me coûtera le plus cher aujourd'hui. Je dois essuyer une perte bien plus cruelle.

VALENTIN.

Que te reste-t-il donc à perdre encore?

THIBAUT.

Hélas! c'est toi, Valentin, toi que j'ai tant aimé.

VALENTIN.

Moi, mon père?

MARGUERITE, *avec une vive émotion.*

Que dis-tu?

THIBAUT.

Puisque le mot est parti de mes lèvres, oui, mon enfant, il faut nous séparer.

VALENTIN.

Et pourquoi donc me renvoies-tu de ta présence? Est-ce que je t'ai donné quelque sujet de te plaindre?

MARGUERITE.

Ah! jamais, jamais. A la face du ciel, je lui rendrai cette justice. Tu le sais bien, Thibaut, s'il est un fils au monde qui fût plus soumis et plus tendre envers ses parens?

THIBAUT.

Je le déclare encore plus hautement que toi, Marguerite. Oui, Valentin; tu as fait pour nous cent fois plus que nous n'avions droit d'en attendre. Je t'aime avec tout l'amour d'un véritable père; mais enfin tu sais que je ne suis pas le tien. Si nous n'avions cessé d'être heureux, tu aurais toujours été notre fils, notre cher fils. Il n'est aucun de mes autres enfans qui ne te croie son frère. Je voulais qu'après notre mort tu pusses partager avec eux le peu de bien que tu m'aidais tous les jours à leur gagner. Cette espérance, qui faisait la joie de mon cœur, est maintenant détruite. Nous n'avons rien davantage, pas même la perspective éloignée de nous rétablir.

VALENTIN.

Et c'est ce moment que tu choisis pour m'effacer du nombre de tes enfans!

THIBAUT.

Oui, je le dois. Les devoirs du sang les enchaînent à notre sort, tel qu'il puisse être. Si nous souffrons, ils doivent souffrir avec nous. Mais toi, de quel droit voudrais-je t'accabler de ma mauvaise fortune? Non, Valentin, je te conseille en ami, et, s'il le faut, je t'ordonne en père de te séparer d'un malheureux. Il est temps que tu t'occupes de tes propres affaires. Puisque je n'ai pu t'enrichir, je me réjouis du moins d'avoir assez bien instruit la jeunesse pour te mettre en état de prospérer.

VALENTIN.

Il ne fallait pas me parler de ces obligations, si tu veux que je t'abonde; il fallait que moi-même je pusse les oublier. Tu m'as sauvé la vie dans mon berceau, ta femme m'a nourri de son lait, tu m'as élevé sans attendre de récompense, et tu me commande d'être ingrat à tant de bienfaits?

THIBAUT.

Je n'ai fait que m'acquitter envers toi de ce qu'un homme doit à un autre. N'aurais-je pas été un monstre de te laisser périr?

VALENTIN.

Et tu veux que je le sois en te retirant aujourd'hui mes secours?

THIBAUT.

Tu me connais, Valentin; je me ferais une honte de vivre aux dépens de personne.

VALENTIN.

Ma vie, jusqu'à ce jour, a donc été bien honteuse! Eh! je n'ai subsisté que par toi.

THIBAUT.

Ne m'en as-tu pas assez pleinement dédommagé par ton travail?

VALENTIN.

Mes mains ont payé les tiennes; mais mon cœur n'a point encore assez payé ton amour. O mon père! rappelle-toi ces premiers temps de mon enfance où je n'étais qu'un étranger dans ta famille. Combien de fois m'as-tu serré dans tes bras au retour d'un travail pénible, que tu prolongeais pour me nourrir! Et toi, ma mère, oublies-tu les tendres caresses que tu me prodiguais, alors même que je dévorais le pain de tes enfans? Vous seuls m'avez recueilli, quand j'étais abandonné de tout le monde; et maintenant j'irais vous abandonner! J'étais votre fils pour hériter de vos biens, et je ne le serais pas pour m'associer à votre disgrâce! Ah! si vous avez pu le croire, combien vous me devez mépriser! (*Marguerite veut répondre, mais ses soupirs étouffent sa voix.*)

THIBAUT.

Te mépriser, Valentin! Ah! mon fils, je ne t'en estime que davantage pour ces sentimens. Mais, je te l'ai dit, il est temps que tu songes à toi-même.

VALENTIN.

Non, je ne songe qu'à toi. Je veux m'accabler de tes travaux, je veux me tourmenter de tes peines. Ma tête, mes bras, tout ce que j'ai, tout ce que je suis, je te le donne : je me dévoue à toi tout entier. Pars ou demeure, je ne te quitte plus. Tu peux me fuir, mais tu ne m'empêcheras pas de te suivre. Il faudra bien que tu m'ouvres, quand tu m'entendras gémir toute la nuit, étendu à la porte de ta chaumière.

THIBAUT.

Peut-être que je n'en aurai plus !

VALENTIN.

Eh bien ! je te suivrai dans les forêts, entre les rochers, au fond des cavernes. Partout je serai sur tes pas.

MARGUERITE, *à Thibaut, en éclatant d'une voix entrecoupée de sanglots.*

Tu l'entends, mon ami !

VALENTIN, *s'élançant vers elle avec impétuosité.*

Ah ! je le savais bien, ma mère, que tu ne me repousserais pas de ton sein !

THIBAUT, *fondant en larmes.*

Viens aussi dans mes bras, mon fils, mon cher fils. C'est moi qui te prie de ne plus nous quitter.

VALENTIN.

Jamais, jamais, mon père. Sans parens, sans amis, j'ai besoin d'aimer quelqu'un sur la terre, et je n'ai que vous seuls à qui donner mon amour. Je sens que vous me devenez mille fois plus chers encore depuis que vous avez tout perdu. Je ne vous avais donné que mes sueurs, j'ai mon sang tout prêt à couler pour vous... Mon père, puisque je ne dois plus te quitter, serre-moi donc plus étroitement dans tes bras.

SCÈNE V.

THIBAUT, MARGUERITE, GERVAIS.

GERVAIS, *qui est entré dans les derniers momens de la scène précédente, se précipitant vers Thibaut.*

Et moi, Thibaut, vas-tu m'en repousser?

THIBAUT, *le regardant avec indignation.*

Encore ici, malheureux! N'est-ce donc pas assez de m'avoir trahi! Pourquoi venir troubler de ta présence la joie que je goûte en ce moment?

GERVAIS.

Ne m'accable pas davantage. Je ne suis que trop cruellement tourmenté par mon repentir. Tu peux me ramener à l'honneur, ou me faire trouver le plus indigne des hommes aux yeux des autres et aux miens.

THIBAUT.

Que veux-tu donc de moi?

GERVAIS.

Que tu me rendes ton amitié. Garde-toi de penser, Thibaut, que je fusse capable d'y renoncer pour un vil intérêt; mais tu sais les pertes que je viens d'essuyer. J'étais aveuglé par la crainte de voir manquer mes enfans. C'était bien mal les servir. J'ai senti déjà que je n'allais plus tant les aimer, après avoir commis pour eux une noirceur. Délivre-moi de ma honte. Rends-moi mon amour pour mon sang, rends-moi mon ami.

THIBAUT.

Ah! Gervais, qu'il est difficile de guérir la plaie

que tu m'as faite ! Cependant je suis touché d'un si prompt retour ; je veux oublier ton offense.

GERVAIS.

Fais-la-moi donc oublier à moi-même en recevant ce qui allait me rendre si coupable.

THIBAUT.

Qu'oses-tu me proposer ? Moi, que je mette à prix notre réconciliation ! Non, Gervais, garde ce qui t'appartient si tu veux de mon amitié.

GERVAIS.

Je n'en veux point si tu me refuses. N'as-tu pas assez d'avantage ? Il n'est que ce moyen d'être généreux envers moi. Ne me laisse point sous les yeux un reproche continuel de mon indignité.

THIBAUT.

Si c'est ainsi, j'accepte tes offres ; mais promets-moi qu'au premier retour de fortune tu me laisseras libre de me satisfaire à mon tour.

GERVAIS.

Je n'ai plus de volonté que la tienne. Que les biens et les maux, tout soit désormais commun entre nous.

THIBAUT.

Je reprends pour toi mes premiers sentimens. (*Il lui tend la main et l'embrasse.*) Allons, Marguerite, quelque malheur qui puisse m'arriver dans la journée, j'aurai toujours un grand sujet de me consoler, puisque je conserve un fils, et que je retrouve un ami.

FIN DU TROISIÈME ACTE.

ACTE IV.

SCÈNE PREMIÈRE.

JEANNETTE seule.

(*Elle traverse en courant la chambre, et va crier à la porte de la seconde pièce.*)
Mon père ! ma mère ; venez donc, venez vite.

SCÈNE II.

JEANNETTE, MARGUERITE, THIBAUT.

MARGUERITE, *qui entre la première.*
Eh bien ! qu'est-ce que c'est, petite fille ? qu'avez-vous à crier de la sorte ?

JEANNETTE.
Un beau carrosse qui vient de s'arrêter devant la ferme, avec quatre grands chevaux, des messieurs tout galonnés devant et derrière la voiture, et un autre monsieur dedans ! O ma mère ! quelle bonne physionomie il a, celui-ci ! Bonjour, ma chère enfant, m'a-t-il dit avec un sourire ; où est ton père ? (*A Thibaut.*) Il demande à vous parler.

THIBAUT, *avec vivacité.*

Oh! c'est monseigneur, je le parie. Je cours à sa rencontre. (*Il sort avec précipitation.*)

SCÈNE III.

MARGUERITE, JEANNETTE.

JEANNETTE, *prenant un air triste.*

Quoi! c'est donc là ce monsieur à qui tout ce que nous avons appartient, à ce que dit mon père?

MARGUERITE.

Oui, ma fille. Nous lui devons beaucoup d'argent; et, comme nous n'avons pas la moitié de ce qu'il nous en faudrait pour le satisfaire, nous lui abandonnons tout ce qui nous reste.

JEANNETTE.

Et qu'est-ce qu'il en fera? Il a une trop belle voiture pour se servir de notre carriole; et il est trop bien vêtu pour porter nos habits.

MARGUERITE.

Oui, sans doute. Mais il va les faire vendre et en recevoir l'argent. Nous ne pouvons le satisfaire que de cette façon; et cela même ne saurait y suffire.

JEANNETTE.

Croyez-vous qu'il soit assez méchant pour nous jouer ce vilain tour? Il avait l'air de me regarder avec tant d'amitié!

MARGUERITE.

Il n'y a pas de méchanceté dans tout cela, Jeannette ; il n'y a que de la justice.

JEANNETTE.

C'est bien triste pourtant... Que je regarde, pour la dernière fois, mes habits des grandes fêtes. Aurais-tu pu le croire, ce printemps, ma mère, lorsque tu me donnas ce juste et ce cotillon, que je ne le porterais que deux ou trois fois? Dimanche dernier encore, j'avais tant de plaisir de me voir si proprement ajustée! Et toi, ma mère, aussi, tu en étais si joyeuse! (*Elle baise la main de sa mère, en la voyant chagrine.*) Allons, ne t'afflige pas; je ne regrette plus mes beaux habits; nous avions su travailler pour avoir ceux-là, nous saurons bien travailler de plus belle pour en avoir d'autres..... Mais voici monseigneur qui vient; je vais chercher ma sœur dans le jardin.

SCÈNE IV.

MARGUERITE sur le devant de la scène; dans le fond M. VERVILLE, qui entre avec THIBAUT, et JEANNETTE, qui va sortir.

(*Jeannette, près de la porte, se trouve en face de M. de Verville. Elle lui fait une petite révérence en se rangeant de côté; puis elle continue sa marche.*)

M. DE VERVILLE.

Eh bien! où vas-tu, mon enfant? Est-ce que tu as peur de moi?

JEANNETTE, *se retournant à demi.*

Oh non ! monseigneur. On n'a plus de peur dès qu'on vous a vu. Attendez-moi seulement, je vais revenir.

SCÈNE V.

MARGUERITE sur le devant de la scène, M. DE VERVILLE et THIBAUT dans le fond.

M. DE VERVILLE, *à Thibaut.*

Elle a une mine bien éveillée, cette petite fille.

THIBAUT.

Mais oui. Et sa sœur donc? Elles sont toutes les deux d'une espièglerie charmante.

M. DE VERVILLE, *en s'avançant, aperçoit Marguerite qui s'approche de lui et le salue.*

Ah! bonjour, Marguerite, comment cela va-t-il ?

MARGUERITE.

Comme le temps, monseigneur, qui ne vas pas au mieux. Et vous ?

M. DE VERVILLE.

A merveille, Dieu merci. J'ai mille choses à te dire de la part de ma femme. Il s'en est fallu de peu qu'elle ne vînt avec moi.

THIBAUT.

Elle n'aurait pas si mal fait. L'air des champs vaut mieux que votre air de la ville, qui sent le renfermé. (*Voyant que M. de Verville tient son chapeau à la main.*) Mais, monseigneur, pourquoi ces complimens? Mettez donc votre chapeau. Vous êtes chez votre fermier comme chez vous.

M. DE VERVILLE, *lui montrant avec un sourire son chapeau de soie à mettre sous le bras.*

Tu vois qu'il n'irait pas sur ma tête. Ce n'est pas l'usage à la ville de nous couvrir.

THIBAUT.

Oh! tout le monde se couvre ici. Vous permettez bien, monseigneur? (*Il met son chapeau sur la tête.*) On a bien raison de dire : Autre mode à la ville, autre mode aux champs. (*A part.*) C'est drôle pourtant; des chapeaux qui ne couvrent pas.

SCÈNE VI.

M. DE VERVILLE, THIBAUT, MARGUERITE, CHAMPAGNE et PICARD.

CHAMPAGNE, *qui porte avec Picard, par les deux anses, une grande corbeille couverte.*

Monsieur, où voulez-vous que nous mettions ceci?

M. DE VERVILLE.

Là, dans un coin. Fort bien. Picard, tu diras au cocher de mener les chevaux dans la meilleure hôtellerie et d'y remiser la voiture..

PICARD.

Avez-vous des ordres à donner à vos gens?

M. DE VERVILLE.

Qu'ils se fassent apprêter un bon dîner. Je le régale ; mais point d'excès de vin. Je ne repartirai que dans la soirée. Vous reviendrez à six heures.

PICARD.

Il suffit, monsieur. (*Ils sortent.*)

SCÈNE VII.

M. DE VERVILLE, THIBAUT, MARGUERITE.

M. DE VERVILLE.

Tu vois, Thibaut, que nous aurons le temps de causer ensemble. Mais, d'abord, je voudrais voir toute ta famille. Tes enfans, où sont-ils ?

THIBAUT.

Chacun à sa besogne. Mes fils dans les champs, et mes filles au jardin. Monseigneur voudrait-il visiter ses blés ?

M. DE VERVILLE.

Non pas à présent; ce soir, quand la chaleur sera passée.

THIBAUT.

Ils sont beaux, au moins. Il y en aura pour cent pistoles comme pour un écu.

M. DE VERVILLE.

Tant mieux, tant mieux. (*Il tourne la vue de tous côtés dans l'intérieur de la chambre.*) Mais qu'est-ce donc, c'est comme si tu avais ici un encan ? Pourquoi tous ces meubles et toutes ces hardes en tas ?

THIBAUT.

Parce que nous savions que vous deviez venir.

M. DE VERVILLE.

Eh bien ?

THIBAUT.

Je vous ai dit ce matin que nous n'étions pas en état de vous payer notre fermage. C'est pourquoi il est de notre devoir de vous abandonner tout ce que nous possédons, et que vous voyez ici rassemblé. Avec l'argent de nos meubles, de nos habits et de notre grain, nous voulons vous payer aussi loin que cela pourra s'étendre. Ce qui s'en faudra, nous tâcherons de le gagner à force de travail, pour vous satisfaire jusqu'au dernier sou. J'espère que monseigneur voudra bien se contenter aujourd'hui de cet à-compte, et attendre le reste avec un peu de patience.

MARGUERITE.

Vous nous avez montré jusqu'ici tant de bonté ! Et puis, ce n'est pas notre faute si nous sommes tombés dans la misère.

THIBAUT.

Vous le savez comme moi, monseigneur, j'avais desséché ces marais là-bas pour en faire des prairies. Elles réussissaient à merveille. Tout ce que nous avions d'argent de reste l'année dernière, nous l'avions mis en bestiaux pour les élever, les engraisser et les vendre. Vingt têtes de gros bétail nous faisaient une petite fortune, qui pouvait nous mettre en état de vous payer au terme. Il ne fallait qu'en mener une partie au marché. La sécheresse est venue. Nos prés n'avaient guère plus d'herbe que ma main. J'ai nourri mes bêtes de la paille de mon lit, du chaume qui couvre ma cabane, et quelquefois de mon pain. Quand j'ai voulu m'en défaire, je n'ai trouvé personne qui les voulût acheter, faute d'avoir de quoi les faire vivre. La mortalité s'est mise dans mon étable; tout a péri. Il ne m'est resté que mes dettes; mais je ne dois qu'à vous, monseigneur. Allez visiter nos champs; vous y verrez si j'ai négligé leur culture. Vous verrez si mon travail, celui de ma femme et de mes enfans, ne peut pas me mettre un jour en état de m'acquitter. Je ne puis cependant vous en donner d'autre gage que ma parole; mais si j'ai toujours été jusqu'ici exact à vous satisfaire, j'ose croire que vous y comptez un peu.

M. DE VERVILLE.

Oui, mes amis, je vous connais. Comment ne me contenterais-je pas de la promesse d'aussi braves gens que vous?

THIBAUT.

Je vous remercie, monseigneur. Ces douces paroles me réjouissent encore plus que votre bonté. Il est si rare qu'un créancier dise à celui qui le fait perdre qu'il est un honnête homme!

M. DE VERVILLE.

Il est rare aussi, mon cher Thibaut, qu'un créancier, trouvant son débiteur dans l'impuissance de le satisfaire, puisse rendre un juste témoignage à sa probité!

SCÈNE VIII.

M. DE VERVILLE, THIBAUT, MARGUERITE; JEANNETTE, *portant des deux mains une cage à poulets*, et LOUISON *tenant d'une main des œufs dans une corbeille, et relevant de l'autre les coins de son tablier, où sont quelques poignées de petite monnaie.*

Jeannette pose la cage aux pieds de M. de Verville, Louison y met aussi sa corbeille; puis elle prend le chapeau de M. de Verville, et y jette à pleines mains l'argent qu'elle a dans son tablier, et le lui présente.

LOUISON.

Tenez, monseigneur, voilà tout ce que nous possédons, nos poulets, nos œufs et notre argent. Nous n'en avons pas davantage ; n'est-ce pas Jeannette ?

JEANNETTE.

Non, en vérité, vous pouvez nous en croire. Nous n'avons pas autre chose.

THIBAUT, *jetant les yeux sur le chapeau, par-dessus l'épaule de M. de Verville.*

Tant d'argent ! Et comment vous est-il venu !

LOUISON.

Des poulets de ma sœur, de mes œufs, et de mes bouquets, que ma mère a vendus pour nous à la ville.

JEANNETTE.

C'étaient nos premières épargnes pour commencer à nous entretenir. Mais nous les donnons bien volontiers pour toi.

LOUISON.

Oh! oui, c'est de tout notre cœur.

THIBAUT, *avec transport.*

Je les reçois de même. Jamais argent ne m'a fait tant de plaisir. Allons, monseigneur, autant de remboursé. (*Aux enfans.*) Que je me réjouis, mes chères filles, de vous voir penser comme vos parens!

M. DE VERVILLE.

Eh quoi! c'est de vous-même, aimables enfans, que vous faites cela?

JEANNETTE.

Puisque mon père n'est pas en état de vous satisfaire tout seul, il faut bien l'aider de tout notre pouvoir.

M. DE VERVILLE.

Ah! Thibaut, que tu es heureux dans ton malheur! La tendresse de tes enfans te dédommage mille fois de tes pertes. (*A Jeannette et à Louison.*) Non, mes chères amies, je ne vous dépouillerai pas de votre première richesse. Reprenez tout ce que vous m'avez offert de si bonne grâce. Je n'ai de comptes à régler qu'avec votre père.

THIBAUT.

Laissez-les faire : elles n'y ont pas de regret.

M. DE VERVILLE.

Et toi, n'en as-tu point de leur voir perdre leur petite fortune?

THIBAUT.

Comment donc, monseigneur? Rien de si naturel et de si doux que de recevoir des secours de ses enfans. Je serais aussi riche que le roi, que tout ce que je posséderais serait à eux. Quand je n'ai rien, tout ce qu'ils ont est à moi. Chacun pour tous les autres, c'est quitte à quitte. (*Aux enfans.*) Vous voulez bien toujours payer pour nous, n'est-ce pas?

JEANNETTE, *en lui serrant les mains.*

Ah! mon père!

LOUISON.

Je voudrais que nous en eussions cent fois davantage. Nous donnerions tout avec le même plaisir.

THIBAUT.

Vous les entendez, monseigneur?

M. DE VERVILLE.

Et moi, je ne le recevrais point, fût-il mille fois plus considérable. (*A Louison.*) Tiens, ma chère petite, reprends ton trésor, je t'en prie. (*Il veut renverser l'argent qui remplit son chapeau dans le tablier de Louison: elle refuse de le recevoir. Enfin, après bien des instances de M. de Verville, elle fait semblant d'y céder, et prend le chapeau; mais elle va le porter sur la table, et lui dit en s'éloignant:*) Vous le trouverez là avec tout le reste.

M. DE VERVILLE, *se retournant vers elle.*

Que fais-tu donc? Attends, attends.

LOUISON.

Je ne veux seulement pas vous écouter. Viens, Jeannette. (*Elles sortent l'une et l'autre en sautant.*)

SCÈNE IX.

M. DE VERVILLE, THIBAUT, MARGUERITE.

THIBAUT, *poussant la cage et la corbeille sous la table.*

Je vous disais bien que c'étaient de petites espiègles. On ne les attrape pas comme on veut.

M. DE VERVILLE.

Mais, quoi! Thibaut, est-ce que tu prétends les laisser payer pour toi?

THIBAUT.

Pourquoi non? c'est si simple.

M. DE VERVILLE.

Il me paraît que tu ne connais guère les usages de la ville.

THIBAUT.

Il me suffit de connaître que ce que je fais est bien. A la ville ou aux champs, que m'importe? Justice et devoir sont pour moi la même chose. Est-ce que cela ne se pratique pas ainsi chez vous?

M. DE VERVILLE.

C'est précisément le contraire dans la plupart des occasions.

THIBAUT.

Que me dites-vous, monseigneur?

M. DE VERVILLE.

Oui, mon ami, cela va te surprendre; mais il n'est que trop vrai. Lorsque, par de folles dépenses de vanité, ou par des entreprises avides et ruineuses, on s'est mis hors d'état de payer ses dettes, on cherche à transporter sur la tête de ses enfans les biens avec lesquels on avait surpris la confiance de ses créanciers. Et lorsque ceux-ci se présentent, alors les parens n'ont plus rien; et tout ce qu'ils paraissaient posséder se trouve entre les mains des enfans, qui le gardent.

THIBAUT, *avec indignation.*

Quelle épouvantable friponnerie !

MARGUERITE.

C'est bien affreux !

THIBAUT.

Et les lois ne disent rien à ces manœuvres ?

M. DE VERVILLE.

A force d'artifice, on sait bien les rendre muettes.

THIBAUT.

Vos lois sont aussi corrompues que ceux qui leur ferment la bouche, si elles ne parlent pas. Écoutez, monseigneur, je n'entends rien à la procédure; mais je dirais, en face, à cette justice qui se laisse brider, qu'elle n'a plus rien à faire sur la terre, et qu'elle s'en aille aux enfers, où du moins les méchans sont punis. Si j'étais la dupe des pères, j'irais chez les enfans, et je leur demanderais de quel droit ils s'emparent des biens qui devaient me payer? S'ils me disaient : Nous les avons reçus de nos parens, je leurs répondrais : Vos parens n'ont pu vous les donner; ces biens sont à moi. Je leur ferais vendre, sans pitié, jusqu'à leur lit, pour me rembourser.

M. DE VERVILLE.

Les affaires ne se conduisent pas ainsi.

THIBAUT.

Je les ferais bien marcher à ma guise. Ces pères et ces enfans ne sont qu'une bande de voleurs.

M. DE VERVILLE.

Les premiers sont les plus coupables.

THIBAUT.

Non, monseigneur, sauf votre respect, les seconds le sont encore plus. Les uns sont des fripons, mais les autres des monstres. Lorsqu'un étranger nous a tirés d'embarras, ne sommes-nous pas obligés, tant qu'il nous reste une goutte de sang honnête dans les veines, de le secourir à notre tour, s'il a besoin de nous? Et les enfans qui doivent tout à leurs pères, qui leur ont coûté tant d'inquiétudes, tant de dépenses et de travaux ! Je ne puis y penser sans frémir. Si j'avais vu mon père hors d'état de payer ce qu'il devait, il ne m'eût pas laissé une obole, que j'aurais cru devoir remplir tous ses engagemens. J'aurais pris pour héritage le devoir d'acquitter sa mémoire, et de conserver la probité de son nom. Quand je n'aurais eu que du pain jusqu'à la mort, quand il m'aurait fallu travailler jusqu'à ce que le sang me sortît des ongles et des cheveux, j'aurais payé toutes ses dettes; et à la dernière, je serais allé sur sa sépulture, et je lui aurais dit : Tu ne dois plus rien, mon père ; tu peux dormir.

M. DE VERVILLE.

Brave Thibaut!

THIBAUT.

Oui, monseigneur, je l'aurais fait. Juste ciel! peut-on donner le nom d'enfans à ces créatures dénaturées, qui, plutôt que de se priver de quelques douceurs dans la vie, consentent lâchement à ce que leurs pères soient traités comme des fripons? Je n'aurais pas besoin d'être un des malheureux créanciers pour les maudire eux-mêmes, ces monstres d'enfans.

SCÈNE X.

M. DE VERVILLE, THIBAUT, MARGUERITE, LOUISON

LOUISON, *du seuil de la porte.*

Mon père, les vaches de Gervais qui sont arrivées, faut-il les faire entrer?

THIBAUT.

Y penses-tu? Je vais les voir. Permettez, monseigneur, cela vous regarde. Elles sont encore à vous. Je vous dirai tantôt comme elles me sont venues. (*En s'en allant.*) Grâces au ciel, les biens nous pleuvent aujourd'hui de tous les côtés. (*Il sort avec Louison qui n'a pas osé s'avancer, de crainte que M. de Verville ne la pressât encore de reprendre son argent.*)

SCÈNE XI.

M. DE VERVILLE, MARGUERITE.

M. DE VERVILLE.

Ton mari m'étonne, Marguerite. Je savais bien que c'était un homme plein d'honneur et de droiture ; mais lui trouver des sentimens si élevés dans la profondeur même de l'infortune, je t'avoue que je ne m'y serais jamais attendu.

MARGUERITE.

Je l'ai toujours vu comme vous le voyez, monseigneur. Il ne cherche d'abord, dans les affaires, que le parti de la justice ; et quand il l'a trouvé, il le prends pour le soutenir envers et contre tous, à commencer par lui-même. Au reste, il n'est que ce qu'il doit être.

M. DE VERVILLE.

Il est vrai. Mais quoi ! dans la position où il se trouve réduit, ne pas balancer un instant !

MARGUERITE.

Oh ! vous ne le connaissez pas. Il nous verrait tous sans pain, plutôt que d'avoir le moindre reproche à se faire ; il n'en serait pas plus étonné. Jamais son courage ne l'abandonne. Il se joue de la fortune, encore plus qu'elle ne se joue de lui.

M. DE VERVILLE.

Tu dois donc bien l'aimer, Marguerite ?

MARGUERITE.

Ah! monseigneur, si je l'aime! Eh! que serais-je devenue sans ses consolations? Je me crois toujours à mon aise, en lui voyant un air si serein. Je ne puis me persuader qu'il me manque jamais quelque chose, tant que le ciel voudra me le conserver. Il est tout pour moi sur la terre.

SCÈNE XII.

M. DE VERVILLE, THIBAUT, MARGUERITE.

THIBAUT.

Allons, monseigneur, réjouissez-vous. Les deux plus belles têtes de vaches qu'on puisse voir dans tout le pays! Oh! laissez-moi faire. J'irai demain, j'irai moi-même au marché. Dix bonnes pistoles de chacune. Pas un sous de moins, quand se serait pour un prince. Vous pouvez tabler là-dessus. Encore deux cents francs à rabattre de mon compte. Nous allons le régler s'il vous plaît. Les dettes me pèsent comme une montagne. Il me tarde d'en être débarrassé.

M. DE VERVILLE.

Je ne demande pas mieux, mon ami.

THIBAUT.

Vous savez ce qu'il me reste à vous payer du prix de ma ferme?

M. DE VERVILLE, *le regardant d'un œil fixe.*

Oui; mais, avant tout, dis-moi, Thibaut, est-ce

6.

bien sérieusement que tu me proposes de prendre tes meubles, tes habits, ton blé, tes vaches, tout ce que tu possèdes ?

THIBAUT.

Je parle toujours sérieusement, monseigneur, quand il s'agit d'affaires.

M. DE VERVILLE.

As-tu fait mûrement tes réflexions? Songe qu'il y va de tout ton bien.

THIBAUT.

Mon bien? Il n'est plus à moi, il est à vous. Écoutez donc, monseigneur; vous êtes riche, et je ne le suis pas. Vous sentez à merveille que je n'irais pas faire envers vous le généreux aux dépens de ma famille. Je ne vous remets que ce qui vous appartient. Soyez tranquille : je ne vous l'offrirais pas si je croyais pouvoir le garder en conscience. Vraiment oui, il me siérait bien de vous faire des cadeaux ! vous vous moqueriez de moi. Il n'y a qu'un mot en tout ceci. Je ne puis vous payer ma dette en argent comptant; je vous paie avec tout ce que j'ai, sans préjudice de ce que je vous devrai encore, et je vous le paierai; oh! oui, je vous le paierai. Vous serez en ligne d'abord après les premières nécessités de la vie.

M. DE VERVILLE, *d'un air froid.*

A la bonne heure; mais il serait affreux de te dépouiller entièrement. Choisis parmi tous ces effets ceux que tu aimes le mieux. Je me flatte que tu ne refuseras pas un petit présent d'amitié de ma part.

THIBAUT.

Quand vous me parlez ainsi, j'aurais mauvaise grâce de ne pas profiter de vos bontés. (*Il s'approche de la table, et prend une bêche et un rateau.*) Tenez, voici ce que je retiens, les instrumens de mon métier. Avec ces outils et du courage, on trouve toujours à se tirer d'embarras.

M. DE VERVILLE.

Quoi! tu ne prétends rien de plus?

THIBAUT.

Non, monseigneur, c'en est assez. Que le ciel seulement me seconde, je ne désespère pas de nourrir avec honneur ma femme et mes enfans, et de ramasser encore peu à peu de quoi vous satisfaire.

M. DE VERVILLE.

Fort bien. A toi maintenant, Marguerite. Je ne veux pas faire de jaloux. Il faut que tu prennes quelque chose comme ton mari. Choisis ce que tu voudras.

MARGUERITE.

Moi aussi, monseigneur? vous avez trop de bonté.

M. DE VERVILLE.

Point de complimens. Allons, que choisis-tu?

MARGUERITE.

Puisque vous voulez me donner quelque chose de votre bien (*elle court vers le fond de la chambre, et soulevant le rideau*), je vous demande en grâce, accordez-moi le berceau de mon nourrisson.

M. DE VERVILLE, *avec surprise.*

Comment! est-ce qu'il était compris dans ce que

tu me cèdes? Quoi! tu aurais privé ton enfant de son berceau?

MARGUERITE, *en se rapprochant.*

Ne l'aurait-il pas toujours retrouvé dans mes bras?

M. DE VERVILLE.

Et tu crois que je l'aurais accepté?

THIBAUT.

Je vous l'ai déjà dit, monseigneur, les enfans doivent payer pour leurs pères. Quand les uns souffrent, de quel droit les autres se refuseraient-ils à souffrir? Il n'est rien que je ne sois prêt à faire pour mes enfans; mais il n'est rien aussi que je n'en attende à mon tour. Mon sang est à eux, comme leur sang est à moi.

M. DE VERVILLE, *à part.*

Quel homme! comme il est inébranlable dans ses principes! (*Haut.*) Oh bien! mes amis, ce que vous avez retenu, je vous l'abandonne. Me cédez-vous maintenant ce qui reste, vos meubles, vos habits, vos grains et votre nouveau bétail? Me le transportez-vous en toute propriété?

THIBAUT, *d'un ton ferme.*

Oui, monseigneur.

MARGUERITE.

Et sans aucun regret.

THIBAUT.

Ah! plutôt avec une grande joie.

MARGUERITE, *tirant la bourse de sa poche, et l'offrant à M. de Verville.*

Recevez aussi tout l'argent que nous possédons. (*M. de Verville la prend, et la jette sur la table.*)

THIBAUT.

Vous ne comptez pas? Il y a cent écus.

M. DE VERVILLE.

Je t'en crois bien sur ta parole. Ainsi vous me rendez maître absolu de tout, et vous consentez à ce que j'en fasse tel usage qu'il me plaira, sans que vous puissiez en aucune manière vous y opposer?

THIBAUT.

Puisque c'est à présent votre bien, nous n'y avons pas plus de droit qu'à votre ferme. Il serait beau, vraiment, que nous nous donnassions les airs de vous contrarier.

M. DE VERVILLE.

Songe bien à quoi tu t'engages. Mon dessein n'est pas de te contraindre à cet arrangement; mais s'il est une fois terminé...

THIBAUT.

Oh! ne craignez pas de me voir revenir contre ma parole. Non, monseigneur, nous sommes déjà trop sensibles à votre grâce, puisque vous daignez nous accorder du temps. Disposez de tout ceci comme vous le jugerez à propos. Nous nous contenterons de prier le ciel que tout prospère entre vos mains.

M. DE VERVILLE.

Voilà qui est dit. En ce cas, je reconnais à mon tour que je n'ai plus rien à prétendre, étant pleinement satisfait, moyennant les effets que vous m'avez remis, de tout ce que vous pouviez me devoir.

THIBAUT, *avec vivacité.*

Mais non, monseigneur, vous auriez trop à perdre. Cela n'en vaut pas seulement la moitié. Comment donc, ces guenilles quinze cents écus?

M. DE VERVILLE.

Mais s'il me plaît à moi de les prendre sur ce taux, n'en suis-je pas le maître?

THIBAUT.

Je n'ai rien à vous dire. Cependant il serait mieux de les faire estimer, pour savoir au juste...

M. DE VERVILLE.

Va, mon ami, elles ont à mes yeux une valeur que personne au monde ne saurait apprécier : c'est le fruit du travail et de l'économie d'une honnête famille. Quand je songe aux sueurs qu'elles vous ont coûtées, je leur trouve un prix bien capable de me satisfaire. Vous voilà quittes envers moi, mes enfans.

THIBAUT, *ôtant son chapeau, et baisant avec transport le pan de l'habit de M. de Verville.*

Quoi, monseigneur!..... (*Il se retourne, saute au cou de Marguerite et l'embrasse.*) Le ciel soit loué, ma femme, nous n'avons plus de dettes.

MARGUERITE.

Bonté divine! comment reconnaître tant de générosité!

THIBAUT, *lui serrant la main.*

Avec notre cœur, Marguerite; et nous sommes en fonds pour y répondre. (*Il s'avance vers M. de Verville.*) Si vous vouliez maintenant me dire où nous porterons tout ceci, et quand il vous plaira recevoir les clés de la ferme?

M. DE VERVILLE.

Je vais te l'apprendre, pour peu que tu te gardes de m'interrompre. (*Il leur prend la main à l'un et à l'autre, et leur dit avec un mouvement de joie:*) Mes amis, je suis riche, et mes parens m'ont instruit dès l'enfance à faire du bien aux honnêtes gens; mais jamais je n'en ai goûté si vivement la douceur qu'aujourd'hui. Mon brave Thibaut (*il lui serre la main*), ta conduite m'a pénétré d'attachement et d'admiration. Tout ce que tu viens de me donner pour t'acquitter envers moi de ta dette, je te le donne à mon tour pour m'acquitter d'un devoir que m'imposent ton malheur et ta probité.

MARGUERITE, *levant les yeux au ciel.*

Quoi! je n'aurais plus à craindre la misère pour mes enfans! O notre digne et bon seigneur! (*Elle baise sa main avec vivacité.*)

THIBAUT, *stupéfait.*

Je n'ose en croire ce que je viens d'entendre. Non, monseigneur, il n'est pas possible : et quand ces paroles vous seraient échappées dans un premier mouvement de bonté, moi j'aurais l'indignité de m'en prévaloir! Non, non, je ne le souffrirais pas...

M. DE VERVILLE, *avec un sourire.*

Doucement, Thibaut. Tu viens de convenir tout à l'heure que j'étais maître absolu de ton bien, parfaitement libre d'en disposer à ma fantaisie, et maintenant tu voudrais me priver de mes droits?

THIBAUT, *se jetant à ses genoux, qu'il embrasse.*

Ah! monseigneur, vous m'avez attrapé; mais le moyen de m'en plaindre! Quoi! je recevrais du prince le pain qu'il me donnerait pour mes enfans, et je ne le recevrais pas de vous, qui êtes bien plus pour moi, vous, mon ange tutélaire! Oui, je me rendrai digne de vos dons, en les recevant comme vous me les offrez, avec une âme pleine de sentiment et de joie. Mais donnez-moi donc aussi des paroles pour vous remercier. (*En versant un torrent de larmes.*) Je crains de ne pas vous paraître assez reconnaissant de vos grâces.

M. DE VERVILLE, *en le relevant.*

Rassure-toi, Thibaut; je vois ce qui se passe au fond de ton cœur peut-être encore mieux que toi-même, et j'en suis satisfait. Marguerite, appelle tes enfans. Je sais avec quelle tendresse ils vous aiment; je veux qu'ils voient aussi que je sais vous aimer.

MARGUERITE, *s'élançant vers la porte.*

Jeannette, Louison, venez, accourez de toutes vos jambes. M'entendez-vous?

JEANNETTE et LOUISON, *du dehors.*

Nous voici, nous voici, ma mère.

SCÈNE XIII.

M. DE VERVILLE, THIBAUT, MARGUERITE, JEANNETTE, LOUISON.

MARGUERITE.

Tenez, mes chères filles, regardez bien. Tout ce

que vous voyez là, vous savez que nous l'avions donné à monseigneur? Eh bien ! monseigneur nous l'a rendu. Il ne veut ni de notre argent, ni de notre blé, ni de nos vaches. Il nous donne quittance pour rien de notre dette entière.

LOUISON, *allant chercher le chapeau, et le présentant à M. de Verville.*

Vous ne voulez donc pas de notre argent non plus ?

M. DE VERVILLE.

Non, mes chères amies. L'ardeur que vous avez montrée à secourir vos parens m'a appris combien vous méritez les uns et les autres qu'on vous soulage dans vos peines. Reprenez donc ce que vous m'avez donné pour eux ; mais faites-en l'usage que vous avait d'abord inspiré votre tendresse. Par exemple, Louison, puisque ton père a perdu son troupeau, ne serais-tu pas bien aise d'employer tes épargnes à lui en acheter un autre ?

LOUISON, *d'un air triste.*

Hélas ! il s'en faut que j'aie assez pour cela.

M. DE VERVILLE.

Mais si tu en avais assez, serais-tu bien contente de lui faire ce présent ?

LOUISON.

Ah ! monseigneur, comme je serais joyeuse !

M. DE VERVILLE.

Je suis curieux de voir la mine que tu aurais, ainsi que Jeannette. Thibaut, comme tu t'y connais un peu mieux que tes filles, je te charge d'aller demain pour elles au marché, et de leur acheter à chacune six jeunes vaches, les plus belles que tu pourras découvrir. Tu en trouveras l'argent tout prêt chez moi. C'est un petit cadeau que je fais à tes enfans, pour qu'ils aient le plaisir de te le faire à leur tour.

MARGUERITE.

Eh! monseigneur, ne vous lasserez-vous point de nous accabler de vos bienfaits? Remerciez-le donc avec moi, mes enfans? (*Marguerite, Jeannette et Louison tombent aux genoux de M. de Verville, les embrassent, et baisent ses mains, en pleurant de joie, tandis que Thibaut, immobile et muet, le considère dans une profonde surprise.*)

M. DE VERVILLE, *détournant la tête pour cacher ses larmes.*

Relève-toi donc, Marguerite; relevez-vous, mes chères amies.

THIBAUT.

Monseigneur, je savais bien que vous étiez un homme, un digne homme; mais je ne vous connaissais pas encore, et je ne sais plus comment vous traiter. (*A Marguerite.*) O ma bonne femme! si nous pouvions rassembler dans un mot, en un seul mot, tout ce que nous dit notre cœur. (*Se tournant avec vivacité vers M. de Verville.*) Monseigneur, je prierai jour et nuit le ciel, non pas pour vous, car une de vos actions vaut mille de mes prières, mais qu'il paraisse de temps en temps sur la terre des hommes tels que vous l'êtes, afin d'empêcher les malheureux de se désespérer. (*Il va prendre Jeannette et Louison, et les mène devant une fenêtre.*) Mes enfans, voyez-vous cette colline, du haut de laquelle on aperçoit la ville où demeure notre bienfaiteur? Nous y montons tous les dimanches en allant à l'église. Eh bien! nous n'y monterons plus sans chercher des yeux le quartier qu'il habite, sans y envoyer sur lui nos bénédictions, sans prier le ciel pour lui, pour sa femme, pour tout ce qui le touche, avant d'aller prier pour nous-mêmes. Vous en souviendrez-vous?

JEANNETTE.
Ah! mon père, si jamais je l'oublie!...

LOUISON.
Nous commencerons en partant de la maison.

THIBAUT.
Oui, monseigneur, chaque jour, chaque minute, aux champs, dans notre cabane, partout où nous serons, nous vous donnerons nos premières pensées. Nous ne passerons pas un seul instant de la vie, sans songer que c'est par vous que nous en jouissons, sans être prêts à l'offrir à Dieu pour la moindre de vos prospérités. Vous pourrez, quand il vous plaira, nous demander notre sang : il est à vous. Ah! que ne puis-je en ce moment verser tout le mien dans vos veines, pour vous donner une double vie!

M. DE VERVILLE.
Sois heureux, Thibaut, fais le bonheur de ta femme, élève toujours tes enfans à penser comme toi. Je viendrai quelquefois jouir de ce spectacle, et je suis sûr de m'en porter mieux. Mais voici nos af-

faires terminées; sais-tu bien que je vais te demander à dîner ?

THIBAUT, *lui tendant joyeusement la main.*

Ah! tant mieux, tant mieux : nouvelle fête!

MARGUERITE, *d'un air plein d'embarras et de confusion.*

Mais, mon cher homme, que présenterons-nous à monseigneur?

THIBAUT, *d'un air libre.*

Le peu que nous avons, ma femme. Je le connais. Un morceau de pain sec lui fera plus de plaisir que s'il avait trouvé chez nous un grand rôti sans l'attendre.

MARGUERITE.

Mais, cependant...

M. DE VERVILLE, *avec un sourire.*

Ne sois pas inquiète, Marguerite. (*En lui montrant la corbeille que Champagne et Picard ont apportée.*) Tu trouveras là-dedans de quoi nous régaler. Mais allons tous ensemble faire un tour de jardin. Nous avons besoin, les uns autant que les autres, de prendre un peu l'air pour nous remettre. (*Il sort, en prenant Jeannette et Louison par la main. Thibaut et Marguerite le suivent en levant les yeux au ciel et baisant les pans de son habit.*)

(*Le rideau se baisse.*)

FIN DU QUATRIÈME ACTE.

ACTE V.

Le rideau se lève. On voit au milieu de la chambre une grande table fort proprement dressée, avec une nappe blanche et quelques couverts; à côté, sur le derrière de la scène, est la corbeille que les gens de M. de Verneuil ont apportée. Marguerite vient de l'ouvrir.

SCÈNE PREMIÈRE.

MARGUERITE, JEANNETTE, LOUISON.

MARGUERITE, *tirant de la corbeille une grosse pièce de viande froide, et la portant sur la table, tandis que les enfans debout, dans une contenance joyeuse autour de la corbeille, la parcourent d'un œil avide, en passant la langue sur les lèvres.*

VOILA ce qui s'appelle un morceau de prince? On voit bien que monseigneur n'y a rien épargné.

LOUISON, *à Jeannette.*

Tiens donc, ma sœur, regarde. C'est comme une galette bossue. Cela sera bon, je crois.

JEANNETTE, *à Marguerite, tandis qu'elle porte le pâté sur la table.*

Sais-tu ce qu'il y a dedans, ma mère?

MARGUERITE.

Non, ma fille. Les gens de la ville ont tant de choses que l'on ne connaît pas à la campagne!

LOUISON.

Ce doit être un brave homme que ce monseigneur, de nous rendre tout notre bien, de nous donner des vaches, et de nous apporter encore des friandises! Jeannette, il faudra faire couver nos œufs, et lui porter les poulets.

JEANNETTE.

Ah! qu'il me tarde! Je voudrais qu'ils fussent déjà gros et gras. Je ne sais ce que je ferais pour lui, tant je l'aime!

LOUISON.

Je vais lui cueillir un joli bouquet de mes plus belles fleurs.

MARGUERITE.

C'est bien. Et toi, Jeannette, il faut t'occuper un peu du ménage. Va couper proprement du pain, et tu me l'apporteras. Je veux que monseigneur voie que tu t'entends à conduire une maison.

JEANNETTE.

Oui, ma mère. (*Elle sort avec Louison.*)

SCÈNE II.

MARGUERITE, ferme la corbeille, la pousse dans un coin, et revient vers la table.

Voyons rien ne manque, je crois. Les serviettes,

les couverts. — Avançons à présent des siéges. (*Elle met des chaises autour de la table.*) Voilà qui est tout prêt. Monseigneur peut à présent venir quand il lui plaira.

SCÈNE III.

M. DE VERVILLE, THIBAUT, MARGUERITE.

THIBAUT, *jetant un regard étonné sur la table, et frappant dans ses deux mains.*

Comment donc, monseigneur? y pensez-vous? Est-ce que vous nous prenez pour des rois? Une pièce de viande superbe, et encore (*en montrant le pâté*) de si belles choses! Je ne sais pas ce que c'est; mais cela me paraît bien appétissant.

M. DE VERVILLE.

C'est un pâté que madame de Verville vous envoie.

MARGUERITE.

Est-il possible qu'elle ait songé à nous?

THIBAUT.

Oh! oui, je le crois. Elle m'a si bien traité ce matin! Je parierais qu'après ma femme, c'est la meilleure qu'il y ait au monde. Allons, Marguerite, vienne le mois de janvier, et nous prendrons notre revanche. Vous la voyez monseigneur? Je vous défie de trouver sa pareille pour s'escrimer sur un rouet. (*En lui frappant sur l'épaule.*) Je veux que cet hiver, dans nos veillées, elle file pour vous et pour madame une si belle pièce de toile, que vous n'aurez jamais eu de si beau linge dans toute votre vie, je vous en réponds.

MARGUERITE.

Oh, quel plaisir! Je n'y perdrai pas un moment.

M. DE VERVILLE.

Je vous remercie, mes amis; mais cela n'est pas nécessaire. Marguerite a bien assez de ses enfans pour s'occuper; et ce serait.....

THIBAUT, *l'interrompant.*

N'en parlons plus. Nous vous avons tantôt laissé faire à votre fantaisie, il faut bien qu'une fois vous nous laissiez faire à la nôtre. Voudriez-vous nous empêcher d'être reconnaissans ? ce serait nous ravir toute la joie de notre vie, et vous êtes trop bon pour cela. Allons, à table. (*Il prend un siège et s'assied.*) Voilà votre place, monseigneur. Viens t'asseoir aussi, Marguerite.

M. DE VERVILLE, *en s'assayant.*

Est-ce que tu n'attends pas tes enfans? Il faut qu'il prennent place avec nous. Je veux avoir la satisfaction de manger avec la plus brave famille que je connaisse.

THIBAUT.

Nous ne serons pas en reste, monseigneur, et nous pourrons aussi dire que nous avons eu à notre table l'homme de la terre le plus compatissant et le plus généreux; ce qui vaut mieux encore que de manger avec des rois qui ne le seraient pas. (*A Marguerite.*) Est-ce que Valentin n'est pas encore revenu des champs?

MARGUERITE.

Non, mon ami; ni George non plus.

THIBAUT.

Et nos filles, à quoi s'amusent-elles, au lieu de venir?

MARGUERITE.

Tu vas voir que ce n'est pas à baguenauder. Tiens, voici d'abord Jeannette.

SCÈNE IV.

M. DE VERVILLE, THIBAUT, MARGUERITE, JEANNETTE.

(Jeannette porte un plateau de bois couvert de morceaux de pain en tas.)

THIBAUT.

Ah! du pain, c'est bon. Viens ici, mon enfant. (*Il prend avec les doigts deux morceaux de pain, et en jette un à M. de Verville, un autre à Marguerite.*) Prenez, monseigneur. Quoique ce ne soit que du pain de fermier, il a bon goût pourtant. Vous en avez de plus léger à la ville; mais celui-ci vaut mieux pour nous fortifier dans nos travaux. Par bonheur il est encore tout frais. Mais quoi, Marguerite! tu as oublié quelque chose d'essentiel. (*Il sourit en lui pressant la main.*) Ce n'est pas ta faute, ma chère femme. Dans un jour comme celui-ci, la joie nous saisit tellement le cœur, qu'on ne s'avise pas de songer à tout.

MARGUERITE, *parcourant des yeux la table.*

Quelque chose d'oublié. Qu'est-ce donc?

THIBAUT.

Du vin, notre ménagère. Est-ce que nous ferions faire un repas sec à monseigneur? cela serait joli.

MARGUERITE.

Où avais-je donc la tête! Je l'ai mis au frais.

JEANNETTE.

Je vais le chercher, moi. (*Elle sort.*)

THIBAUT.

Cours vite. Monseigneur, il gratte un peu le gosier; mais il est franc.

MARGUERITE.

Que veux-tu dire? est-ce que monseigneur n'en a pas apporté?

M. DE VERVILLE.

Oui, mon ami. Je t'avoue que je le crois un peu meilleur que le tien.

THIBAUT.

Vous avez aussi porté du vin? Comment, monseigneur, n'était-ce pas déjà assez? Cela passe par-dessus la mesure. Porter encore du vin pour nous!

M. DE VERVILLE.

Oh! ce n'est pas pour vous seulement. Je prétends bien en boire ma part. Ce jour est pour nous tous un jour de plaisir, et le bon vin s'accorde à merveille avec la joie.

THIBAUT.

Il est vrai, j'en avais toujours autrefois d'excellent en réserve, du vivant de mon père. Lorsqu'il m'arrivait de faire quelques bonnes affaires à la ville, ma première pensée était d'aller acheter une demi-douzaine de bouteilles du meilleur qui pût se trouver. Le prix ne me faisait rien. Je me gardais bien de le boire. Je le donnais à ma femme pour les jours où mon père venait nous rendre visite; et alors je le régalais comme il faut. T'en souviens-tu, Marguerite, comme le bon vieillard était joyeux? Mes enfans, nous disait-il, ce vin me fortifie et me réjouit, mais votre amour qui vous fait ôter les choses de la bouche pour moi me fortifie et me réjouit bien davantage. Il en était quelquefois si touché que les larmes lui coulaient des joues dans son verre. Je ne puis vous dire combien le vin me paraissait bon lorsque mon père le buvait à mon côté. (*Jeannette rentre, portant deux bouteilles.*)

M. DE VERVILLE.

J'espère que tu ne trouveras pas celui-ci mauvais non plus.

THIBAUT.

Ah, monseigneur, il suffirait de votre bonté qui nous le donne, pour nous le faire trouver excellent.

SCÈNE V.

M. DE VERVILLE, THIBAUT, MARGUERITE, JEANNETTE, LOUISON.

LOUISON, *portant un bouquet énorme de roses, de chèvrefeuille et de jasmin, s'avance vers M. de Verville, lui fait une révérence, et lui dit :*

Monseigneur voudrait-il me permettre de le mettre à sa boutonnière ?

M. DE VERVILLE.

Grand merci, ma chère Louison. (*Il l'embrasse.*) Mais il est aussi gros que toi. Je parie que tu n'en auras pas laissé pour tes parens. Allons, je vais partager. Je n'ai rien à moi seul aujourd'hui. Tiens, Marguerite; tiens, Thibaut; tiens, Jeannette; tiens, Louison. (*Il leur distribue des fleurs.*)

THIBAUT.

Ce sera donc comme un jour de noces : chacun son bouquet.

JEANNETTE.

On prendrait monseigneur pour la mariée. Il donne le repas et les fleurs.

THIBAUT.

Fort bien, voilà ma Jeannette en pointe de gaîté.

M. DE VERVILLE.

Cette petite saillie lui vaudra un trousseau pour le jour de son mariage.

THIBAUT.

Oui dà, monseigneur, il n'y aurait qu'à vous laisser faire, et rester les bras croisés. Son trousseau, il faut qu'elle le gagne elle-même.

LOUISON.

Mon père, et si j'ai plus tôt gagné le mien ?

THIBAUT.

Voyez-moi cette petite fille ! il vous sied bien d'avoir de ces choses en tête. Allons, allons, il ne faut songer qu'à dîner. De la joie ! de la joie !

M. DE VERVILLE.

Je veux attendre que tes garçons soient de retour. Je ne dînerai point que je n'aie tout mon troupeau rassemblé autour de moi.

MARGUERITE.

Quel dommage, monseigneur, que vous n'ayez pas d'enfans ! Vous paraissez tant les aimer !

M. DE VERVILLE.

Ah ! Marguerite, quelle plaie tu rouvres dans mon cœur ! le ciel m'avait donné un fils.....

MARGUERITE.

Un fils unique ? et il est mort ? C'est bien cruel.

M. DE VERVILLE.

S'il est mort, je l'ignore ; mais il n'en est pas moins perdu pour moi.

THIBAUT.

C'est qu'il est peut-être dans une terre étrangère, et que vous ne recevez pas de ses nouvelles. (*Voyant des larmes prêtes à couler des yeux de M. de Verville, il prend sa main et la serre.*) Ne vous affligez pas, mon bon seigneur, je vous en prie. S'il vit encore, vous le reverrez sûrement. Quoi! vous soulageriez les peines des malheureux, et vous seriez malheureux vous-mêmes! Non, non, le ciel est trop juste. Voyez comme il me traite pour n'avoir fait que mon devoir; et vous qui allez si loin par-delà, il vous abandonnerait! Cela n'est pas possible. Allons, égayez-vous un peu. Gardons-nous de rien perdre de ce grand jour de plaisir.

M. DE VERVILLE, *essuyant ses yeux.*

Oui, mon cher Thibaut, je me reprocherais d'empoisonner ta joie.

THIBAUT.

Vous me le devez. Ce serait gâter votre ouvrage. Mais pourquoi mes fils sont-ils si lents à rentrer aujourd'hui? (*Il se lève de table, et va regarder par la fenêtre.*) Je vais voir s'ils viennent. Bon, je vois George qui s'avance. (*Il lui fait signe de la main de se hâter.*)

MARGUERITE.

Quoi! George tout seul? est-ce qu'il n'amène pas Valentin? Il doit savoir que c'est l'heure du dîner. Mille pardons, monseigneur, de vous faire attendre.

M. DE VERVILLE.

Nous aurons le temps, Marguerite; je ne m'ennuie pas dans une si douce compagnie. Une heure plus tôt, une heure plus tard, cela ne me dérange point. Les jours sont longs; et, pourvu que j'arrive à la ville avant la nuit, ma femme ne sera pas inquiète.

MARGUERITE.

Voici George, toujours.

SCÈNE VI.

M. DE VERVILLE, THIBAUT, MARGUERITE, JEANNETTE, LOUISON, GEORGE.

(George ôte son chapeau, et s'incline en voyant M. de Verville.)

THIBAUT, *courant le prendre par la main.*

Viens, mon fils; regarde ce digne homme. Après le ciel et tes parens, c'est à lui que tu dois avoir pour la vie les plus grandes obligations. Considère-le bien. C'est notre bon seigneur, à qui nous devions donner tout ce que nous possédons sur la terre, et qui nous l'a rendu.

MARGUERITE.

Et qui donne de plus à tes sœurs un joli trousseau. Aussi long-temps que tu vivras, mon fils, il faut que tu le bénisses chaque jour dans ton cœur. Nous t'en donnerons l'exemple pendant notre vie, et tu le suivras après notre mort, n'est-ce pas? Me le promets-tu?

GEORGE.

Comment pourrais-je y manquer, puisqu'il a tant de bonté pour nous? Mais mon père disait hier que nous allions quitter la ferme : est-ce que nous y restons?

THIBAUT.

Oui, mon enfant, toujours, toujours. J'espère bien y voir naître mes arrière-petits-fils.

GEORGE, *dans un transport de joie, courant vers Marguerite.*

O ma mère! c'est pour vous que j'en suis le plus joyeux. Je puis maintenant vous le dire, toute cette nuit vous m'avez fait pleurer de chagrin.

M. DE VERVILLE.

Et pourquoi donc mon ami?

GEORGE, *prenant M. de Verville par la main, et le conduisant vers la fenêtre.*

Venez, monseigneur, je vais vous l'apprendre. Voyez-vous là-bas, près de la haie, ce vieux pommier presque sans feuilles? Ma mère disait ce printemps qu'elle était bien chagrine de ce que la gelée l'avait si fort maltraité, parce qu'elle n'avait mangé de si bonnes pommes de sa vie, et que l'arbre était en danger de périr. Le lendemain, avant qu'elle se fut levée, j'allai avec mon frère choisir sur ce pommier les bourgeons les plus vigoureux, pour les enter sur d'autres arbres qui sont dans le verger, afin que, celui-ci venant à se perdre, ma mère eût toujours de ses bonnes pommes. Si nous avions quitté la ferme, c'était bien triste; un autre y serait venu, qui, avec le temps, aurait mangé le fruit de nos entes.

M. DE VERVILLE.

Rien n'était plus facile que de les enlever en partant. Personne n'aurait profité de ton travail.

GEORGE.

Pourquoi l'aurais-je fait; je n'y trouvais aucun profit. Et, quand j'y en aurais trouvé, je suis trop bien qu'on ne doit pas chercher à faire son avantage au préjudice de ses semblables. Au contraire, j'aurais désiré qu'ils eussent cueilli de bon fruit sur nos arbres.

M. DE VERVILLE.

Mais tu disais tout à l'heure que c'était bien triste qu'un autre eût mangé le fruit de vos entes.

GEORGE.

Sûrement, c'était triste pour moi que ma mère en fût privée; car, quoique je souhaite de bonnes pommes aux autres, je les souhaite bien plus à ma mère.

M. DE VERVILLE, *lui serrant la main.*

Tu es un brave garçon. (*Voyant que Marguerite meurt d'envie d'embrasser son fils, mais qu'elle se contient par respect.*) Tiens, Marguerite, je te le livre. (*Pendant qu'elle l'embrasse.*) Mon cher Thibaut, je suis de plus en plus émerveillé de tes enfans. C'est entre vous un combat à qui s'aimera davantage.

THIBAUT.

Eh! monseigneur, il n'est dans les familles que de vivre de bonne amitié. Quand je possédais mon père et ma mère, je rêvais aussi le jour et la nuit comment je pourrais leur faire le plus de plaisir. Je les aurais portés sur mes bras pendant leur vieillesse. J'en suis richement payé. Je vois par expérience que tout ce que vous faites pour vos parens, vos enfans le font pour vous.

MARGUERITE, *à George.*

Mais où est donc Valentin? d'où vient qu'il n'est pas avec toi?

7.

GEORGE.

Il ne viendra pas dîner.

THIBAUT.

Et pourquoi donc?

GEORGE.

C'est qu'il s'est mis dans la tête de finir son défrichement avant la nuit. Je l'ai pressé de me suivre, en lui promettant de l'aider de toutes mes forces cet après-midi. Il n'a pas voulu m'entendre. J'ai du pain de reste, m'a-t-il dit en me montrant la moitié de son déjeûner. Je ferai mon dîner avec cela.

THIBAUT, *avec émotion.*

Le brave enfant! parce que je ne suis pas allé aux champs ce matin, il se charge de ma besogne. Il nous a vu la tête prête à se courber sous la misère, et il veut nous la redresser par son économie et par son travail. George, va le retrouver, je t'en prie. Dis-lui que nous lui commandons de venir, et que nous ne mangerons pas qu'il ne soit à table. (*En se tournant vers M. de Verville.*) Ah! monseigneur, si vous le connaissiez, vous l'aimeriez comme nous de tout votre cœur.

JEANNETTE.

Mon père veux-tu que j'aille le chercher avec ma sœur et George?

LOUISON.

Je me charge de le faire bientôt venir, moi.

THIBAUT.

A la bonne heure, mais ne vous amusez pas en chemin.

LOUISON.

Va, ne crains rien; nous reviendrons en courant.

SCÈNE VII.

M. DE VERVILLE, THIBAUT, MARGUERITE.

M. DE VERVILLE.

Je ne puis te peindre, Thibaut, toutes les émotions que j'éprouve en ce jour. Je vois que les enfans sont la plus douce faveur du ciel.

THIBAUT.

Lorsqu'ils sont comme les nôtres, c'est alors une bénédiction; et les parens possèdent en eux une richesse qu'on ne peut apprécier. O monseigneur, vous ne sauriez croire combien les peines de la vie deviennent plus légères, lorsque nos enfans nous aident à les supporter. (*En frappant sur l'épaule d M. de Verville.*) Prenez seulement bon courage. En quelque lieu que soit votre fils, je crois fermement qu'il rendra vos vieux jours les plus heureux de votre vie.

M. DE VERVILLE.

Ah! s'il vivait encore, s'il était d'une aussi excellent naturel que les tiens! Mais de quelle vaine espérance vais-je me flatter? Non, je n'ai plus de fils pour me soutenir un jour dans mon dernier âge. Heureux Thibaut! tu peux vieillir, tu goûteras la douceur de te voir revivre dans les cinq enfans auxquels tu as donné le jour.

THIBAUT.

Cinq, dites-vous, monseigneur? Non, s'il vous plaît, quatre seulement (*il compte sur ses doits*); ce petit marmot qui repose là derrière le rideau, Louison, George et Jeannette : voilà tous ceux qui sont à moi.

M. DE VERVILLE.

Et celui qui est aux champs?

THIBAUT.

Il n'est pas notre fils, quoique je l'aime autant que s'il l'était, et que j'aie fait pour lui tout ce qu'on peut faire pour les siens. Il en est bien digne aussi, ce brave garçon, il nous chérit comme s'il nous devait la naissance, et il travaille pour le ménage comme s'il était l'aîné de ma petite famille.

M. DE VERVILLE.

Et quelle est donc la sienne?

THIBAUT.

Nous le savons aussi-peu que lui : nous l'avons sauvé de la mort dans son berceau. Ma femme l'a nourri de son lait, et il a toujours vécu avec nous. Au reste, il ne doit pas être d'une naissance commune. Il avait à son cou un hochet garni d'or et de pierreries, et son linge était de la plus grande beauté.

M. DE VERVILLE.

Vous l'avez sauvé de la mort, vous ignorez sa famille, et il n'est pas d'une naissance commune! Ah! mon cher Thibaut, hâte-toi de m'apprendre comment il est tombé entre vos mains.

MARGUERITE.

C'est une bien cruelle histoire.

THIBAUT.

Nous demeurions alors en Normandie. Je faisais valoir une petite ferme sur le bord d'une rivière. La situation était fort bonne; et la terre rendait bien, quoiqu'il n'y eût pas grand merci à dire à ceux qui l'avaient tenue avant nous.

M. DE VERVILLE.

Passe, je t'en conjure, sur toutes ces circonstances, et raconte-moi seulement ce qui regarde Valentin. Il n'est que cela dont je sois curieux.

THIBAUT.

Eh bien! monseigneur, pour en venir là tout de suite, vous saurez qu'une nuit nous fûmes réveillés par les eaux qui étaient entrées de tous côtés dans notre maison. Nous eûmes à peine le temps de monter sur le toit pour y attendre du secours. Le matin on vint nous chercher dans un bateau. Tout le pays était inondé. On voyait la rivière couverte de débris de maisons et de meubles, emportés par la violence du courant. J'étais occupé à consoler ma femme qui se lamentait de la perte de notre cabane, et plus encore de celle de son fils, que les ondes avaient étouffé avant notre réveil. Tout-à-coup, j'aperçois un berceau ballotté par les vagues qui l'entraînaient, et qui menaçaient à chaque instant de l'engloutir. Je ne pus tenir à cette vue. Je quittai mes habits; et, sans regarder au péril, je me jetai dans la rivière en nageant de toutes mes forces vers le berceau. Je fus plusieurs fois repoussé, j'étais épuisé de fatigue; mais les cris de l'enfant que j'entendais en m'approchant de lui me donnaient du courage et de la vigueur. Enfin, après bien des dangers, je parvins à l'atteindre, et je le conduisis assez loin de là sur le bord. Ma femme m'avait suivi en se traînant plus morte que vive le long du rivage. Je lui présentai la petite créature, qui ne cessa de crier que lorsqu'elle se fut attachée à son sein. La pauvre Marguerite crut retrouver dans cet enfant celui qu'elle venait de perdre. Nous fîmes alors toutes les recherches possibles pour découvrir les parens, mais sans pouvoir y parvenir. Nous n'en avons pas été plus affligés : nous avons continué de le regarder comme notre fils. Je lui ai raconté cent fois son aventure : il n'y a que mes autres enfans à qui je l'ai cachée, pour leur laisser le plaisir de le croire leur frère, et qu'il n'y eût point de jalousie dans la maison. Je l'ai fait instruire comme les autres. Il laboure aussi bien que moi-même, il parle comme un beau livre, et il sait lire et écrire peut-être mieux que notre magister.

M. DE VERVILLE.

Et combien y a-t-il de cet événement?

THIBAUT.

A peu près quinze ans et quelques mois, autant qu'il m'en souvienne. Attendez donc, je puis vous le dire à la minute, car j'en fis dresser dans le temps un écrit par le juge du lieu, signé du curé, et attesté par tous les paysans témoins de l'aventure. En quittant le pays, je n'ai pas oublié de l'emporter avec moi : va le chercher, Marguerite.

MARGUERITE.

Il est ici dans cette cassette avec les hardes et le hochet que Valentin avait alors. Nous les avons soigneusement conservés; et nous les avons mis à part ce matin, parce que, si vous aviez fait vendre nos effets, il n'était pas juste que ceux de ce pauvre garçon y fussent confondus.

M. DE VERVILLE, *se levant.*

Ah! Marguerite, ne me fais pas languir; je brûle de les voir.

THIBAUT.

Aveins-les donc, ma femme.

MARGUERITE, *courant chercher le paquet dans la cassette, le donne à Thibaut.*

Tiens, mon ami.

THIBAUT, *en l'ouvrant.*

Voyez-vous, monseigneur?

M. DE VERVILLE, *examine le hochet, puis la marque du linge; et, après avoir lu l'écrit, il s'écrie :*

C'est lui! c'est lui! O grand Dieu, tu me rends donc mon fils?

THIBAUT, *dans une profonde surprise.*

Que dites-vous? notre Valentin votre fils? O mon cher et bon seigneur! je sens tout votre corps qui frémit. (*Il lui prend la main et le soutient.*) Ma femme, vite un siége, il va tomber à la renverse.

MARGUERITE, *courant de tous côtés.*

Je ne sais ce que je fais. Je suis tout hors de

moi : et notre pauvre garçon, qu'il va être étonné !
(*Elle apporte enfin un siége. Thibaut fait asseoir M. de Verville, et lui tient toujours la main.*)

M. DE VERVILLE.

O jour de bénédiction ! retrouver mon fils ! Quelle sera la joie de ma femme ! C'est d'aujourd'hui que nous allons commencer à vivre. Mon cher Thibaut, mène-moi de grâce vers lui. Il faut que je le voie, que je le presse contre mon cœur.

THIBAUT.

Non, non, monseigneur, s'il vous plaît : mon cher Valentin en mourrait de saisissement. Il va revenir tout à l'heure. Passez dans cette chambre jusqu'à ce que je l'aie prévenu. Il sera un peu mieux préparé, et vous un peu plus calme.

MARGUERITE, *regardant par la fenêtre.*

Le voici qui revient avec sa bêche sur l'épaule. Voyez-le marcher.

M. DE VERVILLE, *courant vers la fenêtre.*

Il vient, il vient ! comme le cœur me bat ! je veux courir à lui.

THIBAUT, *l'arrêtant.*

Non, monseigneur, cela ne serait bon pour l'un ni pour l'autre ; et cette fois-ci vous en passerez à ma fantaisie. (*Il entraîne dans la pièce voisine M. de Verville, qui le suit à regret, en tenant toujours ses yeux tournés vers la fenêtre.*)

SCÈNE VIII.

MARGUERITE seule.

Je serai peut-être bien à plaindre de cette aventure. Voilà que Valentin devient tout-à-coup un grand seigneur. Qui sait s'il nous aimera davantage, s'il ne rougira pas de nous regarder? (*En laissant tomber quelques larmes.*) Oh! si cela m'arrivait, je ne m'en consolerais de ma vie. Je l'ai élevé avec trop de soin! je l'aime avec trop de tendresse : c'est comme s'il était un de mes propres enfans.

SCÈNE IX.

THIBAUT, MARGUERITE.

THIBAUT, *à M. de Verville, qu'il laisse dans l'autre pièce.*

Restez, restez. Je viendrai vous avertir quand il faudra. (*Voyant Marguerite baignée de larmes.*) Eh bien! ma chère femme, qu'as-tu donc à pleurer?

MARGUERITE.

Ah! mon ami, c'est de plaisir et de tristesse tout ensemble que je pleure.

THIBAUT.

Comment as-tu donc l'habileté d'arranger cela?

MARGUERITE.

Je suis joyeuse de ce que Valentin retrouve ses

parens, et de ce que ses parens le retrouvent. Mais nous allons le perdre, nous autres : voilà ce qui m'afflige. Et s'il allait nous oublier!

THIBAUT.

Quelle villaine pensée t'est venue dans l'esprit! Nous oublier, ma femme! aussi peu que nous pourrons l'oublier nous-mêmes. Tu ne le connais pas encore assez bien, à ce que je vois.

SCÈNE X.

THIBAUT, MARGUERITE, VALENTIN, GEORGE, JEANNETTE, LOUISON.

VALENTIN, *avec vivacité.*

O mon père! ô ma mère! que je suis transporté de joie! (*Il pose sa bêche, et court d'eux et les embrasse.*) Jeannette et Louison viennent de me raconter ce que monseigneur a fait pour nous. Où est ce bon seigneur, que je lui baise les mains, que je le remercie de tant de bontés!

SCÈNE XI.

M. DE VERVILLE, THIBAUT, MARGUERITE, VALENTIN, GEORGE, JEANNETTE, LOUISON.

M. DE VERVILLE, *ouvrant impétueusement la porte, et courant se jeter au cou de Valentin.*

Me voici, mon fils, me voici! Oui, tu es à moi, tu es mon sang, mon amour et ma vie.

THIBAUT.

Ne sois pas effrayé, Valentin, c'est la vérité. Monseigneur est ton père. (*Valentin dans une profonde surprise, regarde tour à tour d'un œil étonné M. de Verville, Thibaut et Marguerite. Il voudrait parler, et sa langue reste muette.*)

MARGUERITE.

Oui, mon cher enfant, tout vient de se découvrir. Il y a quinze ans que monseigneur pleure ta perte. C'est à nous de la pleurer aujourd'hui.

VALENTIN, *d'une voix étouffée.*

Moi, votre fils! Vous, mon père! (*Il se dégage de tous les bras qui l'entourent, se précipite aux genoux de M. de Verville, les embrasse, et couvre ses mains de baisers. M. de Verville jette ses bras autour du cou de son fils, et laisse tomber sa tête sur la sienne. Ils demeurent un moment dans cette attitude, muets et baignés de pleurs.*)

M. DE VERVILLE, *relevant un peu sa tête.*

Dieu tout-puissant! quelles grâces puis-je te rendre pour ta bonté!

VALENTIN.

J'avais demandé mille fois au ciel de me faire connaître ceux à qui je suis redevable de la vie; et c'est de vous que je l'ai reçue, vous qui venez de la rendre, par vos bienfaits, à ceux qui me l'ont conservée. Que de raisons pour vous chérir, et pour chercher à mériter votre tendresse par mon obéissance et par mon amour!

M. DE VERVILLE.

Mon cœur me fait déjà sentir combien tu en es digne. Oui, mon fils, mon unique fils, ce cœur a toujours été plein de toi. Mais ta mère, quels vont être ses transports en te voyant !

VALENTIN.

Ah ! je vous en conjure, conduisez-moi vers elle. Qu'il me tarde d'être à ses genoux, et de la serrer dans mes bras !

M. DE VERVILLE.

Viens, mon ami, je me reproche tous les instans que je fais perdre à son bonheur. Courons, volons.

THIBAUT, *les arrêtant et les prenant l'un et l'autre par la main.*

Y pensez-vous ? Porter la mort, à force de joie, dans le cœur de cette bonne dame ! Non, non, il n'en sera pas ainsi. Il faut commencer par boire un verre de vin pour nous fortifier le corps et l'esprit, autrement nous ferions tout de travers. Je me charge ensuite d'aller à la ville pour amener les choses de loin à madame, et la préparer à voir son enfant. Ah ! mon cher Valentin, que tu seras bien aise de la connaître !

VALENTIN.

Je vais donc la voir aujourd'hui, après avoir craint si long-temps de ne la voir jamais ! Je ne puis dire la tendresse que je sens d'avance pour elle.

MARGUERITE.

Et moi, Valentin, m'aimeras-tu toujours ?

VALENTIN.

Ah! si je t'aimerai! Je t'appellerai toujours aussi ma mère comme elle. Si elle m'a donné la vie, n'est-ce pas toi qui l'as soutenue de ton lait, après que mon second père me l'eut sauvée? Que serais-je devenu sans vous deux? Vous m'avez fait plus de bien qu'il ne sera jamais en mon pouvoir de le reconnaître.

M. DE VERVILLE.

Que dis-tu, mon fils? Ah! quand il devrait m'en coûter la moitié de ma fortune, je veux que ces braves gens...

THIBAUT, *l'interrompant avec vivacité.*

Et moi, je ne veux pas que vous disiez un mot de plus là-dessus. Votre amitié, celle de madame et de Valentin seront notre plus grande récompense. Je vous défie, avec toute votre richesse, de nous en donner une qui vaille pour nous celle-là. Mais qu'attendons-nous pour nous mettre à table? Venez, monseigneur. Valentin, ici à côté de ton père. Oui, je te comprends, va, Marguerite sera près de toi. La bonne créature, elle t'aime si tendrement! (*Voyant que Marguerite s'essuie les yeux avec son tablier.*) Allons, ma femme, point de folie; pourquoi ces larmes? Nous ne sommes point perdus les uns pour les autres. S'il était devenu un vaurien, c'est alors que nous l'aurions perdu, et qu'il aurait fallu le pleurer.

VALENTIN, *regardant d'un air attendri M. de Verville.*

Vous le voyez, mon père, si je dois les chérir? (*Il prend la main de Marguerite, qui ne peut retenir plus long-temps ses pleurs et se cache le visage, pendant que Valentin lui fait mille caresses.*)

THIBAUT.

Eh bien ! finirez-vous ? Ils sont aussi fous l'un que l'autre. Or ça, Marguerite, pour te distraire un peu, fais placer tes enfans, et porte-nous des verres. (*Pendant que Marguerite s'occupe de ces soins, il se tourne vers M. de Verville et lui dit :*) Quand je vous disais tout à l'heure, monseigneur, que la vertu ne restait jamais sans récompense ! Vous le voyez pourtant. A peine venez-vous de faire une bonne action, que vous en voilà tout de suite payé. Vous nous donnez des biens qui n'étaient plus à nous, et nous vous donnons un fils que vous croyiez perdu. (*Il se lève, et s'adressant à George, à Jeannette et à Louison, qui pendant toute la scène ont gardé le silence, en tenant les yeux constamment fixés, tantôt sur M. de Verville, tantôt sur Valentin.*) Et vous, mes enfans, apprenez à ne jamais désespérer du ciel, ni de vous-mêmes. Lorsqu'une inondation m'emporta, il y a quinze ans, ma cabane, la Providence me donnait au même instant de quoi m'acquitter un jour envers le bienfaiteur qu'elle devait m'envoyer. Aujourd'hui que la sécheresse semblait m'avoir ruiné sans ressource, elle rétablit au contraire ma petite fortune. Dieu se sert de tout pour récompenser ceux qui font leur devoir. C'est à deux fléaux des plus terribles que nous devons notre bonheur. Que cette leçon vous serve pour toute la vie ! Lorsqu'un homme fait le bien, croyez-moi, que les malheurs le poursuivent, qu'il tonne sur sa tête; que tout s'écroule autour de lui; tant qu'il n'a rien à se reprocher, il reste ferme comme un roc (*en frappant du poing sur la table*); ou, s'il tombe un moment, il se relève plus vigoureux... Un coup de vin, monseigneur. (*Il saisit la bouteille et remplit les verres à la ronde.*). C'est pour boire tous ensemble à votre santé.

MARGUERITE.

Oh! avec quel plaisir!

THIBAUT.

Valentin, toi seul tu peux lui dire de bouche : Mon père; mais nous le disons tous de bon cœur comme toi. A votre santé, monseigneur!

TOUS A LA FOIS.

A votre santé, monseigneur!

VALENTIN.

A votre santé, mon tendre et respectable père.

M. DE VERVILLE, *les larmes aux yeux*.

Je te remercie, mon cher fils. Je vous remercie tous, mes enfans. Que le nom de père est un doux nom! (*Il boit.*) Jamais vin ne m'a paru si exquis.

THIBAUT, *d'un air gai*.

Ni à moi non plus. Aussi je recommence. C'est pour toi maintenant, Valentin. Écoute, quoique tu sois devenu un grand personnage, je ne veux pas que personne t'appelle jamais autrement dans ma cabane. En te nommant ainsi, nous sentirons mieux que tu habites encore au fond de nos cœurs.

VALENTIN.

Et moi, en quelque lieu que ce soit, je t'appellerai toujours mon père. (*Thibaut lui prend la main et la serre. On boit à la santé de Valentin.*)

THIBAUT.

Ah ça, monseigneur, je vous ai raconté comment nous avions trouvé votre fils. C'est votre tour de nous dire comment vous l'aviez perdu.

M. DE VERVILLE.

Très-volontiers, mon ami, puisque ce récit ne doit plus me coûter de tristesse. Il y avait un an que j'étais marié, lorsque la guerre s'étant rallumée, je reçus l'ordre de partir avec mon régiment pour les Indes orientales. Ma femme, malgré mes instances, voulut me suivre dans une si longue et si dangereuse navigation, après avoir donné le jour à ce cher fils, le seul que nous ayons conservé. J'avais un oncle prieur d'une abbaye auprès d'Évreux. L'enfant fut confié à une nourrice du voisinage, pour qu'il fût à portée de veiller sur lui, et de nous en donner des nouvelles. Je n'en reçus aucune pendant les trois premières années. Inquiet de ce silence, je m'adressai à des amis que j'avais à Paris. Le plus zélé se rendit sur les lieux, d'où il m'écrivit que, peu de temps après mon départ, une inondation subite avait ravagé la contrée; que mon oncle avait péri dans le désastre, victime de son intrépidité; que la maison de la nourrice avait été emportée la nuit par les eaux, et que mon fils avait perdu la vie avec elle. Ces nouvelles affreuses m'accablèrent de douleur;

et ma femme en fut sur le point de descendre au tombeau. A mon retour en France, je n'osai faire des recherches qui me semblaient si superflues, dans la crainte que leur mauvais succès ne réveillât des regrets amers, que le temps avait un peu adoucis.

THIBAUT.

Quoi! monseigneur, depuis six ans que je suis votre fermier, j'aurais pu finir votre tristesse. Je ne me console point de vous avoir laissé si long-temps souffrir. Je vous ai si souvent parlé de mon bonheur, pourquoi ne m'avez-vous jamais parlé de vos peines?

M. DE VERVILLE.

Devais-je imaginer que toi seul pouvais les finir? Et puis, je te l'avoue, je cherchais à bannir de mon esprit de cruelles pensées. Je craignais surtout de les rappeler en présence de ma femme. Ce matin même, lorsque tu voulais nous parler de tes enfans, ne te souviens-tu pas avec quelle adresse j'ai détourné la conversation sur d'autres objets?

VALENTIN, *se jetant dans les bras de M. de Verville.*

O mon père! combien je vais vous aimer pour vous faire oublier tant de larmes!

M. DE VERVILLE, *l'embrassant.*

N'en parlons plus, mon fils, puisque leur source est épuisée.

THIBAUT.

Ne vous y fiez pas, monseigneur. Il vous en fera répandre toute votre vie; mais ce ne seront plus que des larmes de plaisir. Vous êtes loin de le connaître encore. Quand vous aurez vu toutes ses bonnes qualités, il vous en deviendra mille fois plus précieux. Comme j'aime à vous voir si dignes l'un de l'autre!

M. DE VERVILLE, *avec attendrissement.*

C'est à vos instructions, mes braves amis, que j'en suis redevable. C'est près de vous qu'il a pris le goût de l'honneur et de la vertu. J'ai le bonheur de le trouver tel que j'aurais désiré de le former moi-même. Ah! de quel prix pourrai-je vous satisfaire?

THIBAUT.

Nous satisfaire? Oh! c'est déjà fait dès long-temps; et Valentin lui-même y a pourvu. Nuit et jour il a travaillé de son mieux pour notre avantage. Croyez-vous que, sans ses soins, nos champs auraient si bien prospéré?

M. DE VERVILLE.

Vous perdez donc beaucoup en perdant ses secours?

MARGUERITE.

Hélas! c'est la satisfaction de l'avoir près de nous que nous aurons le plus à regretter.

VALENTIN.

Non, mon père; je dois vous le dire, parce qu'ils vous le cacheraient peut-être, de peur d'exciter encore la générosité de votre cœur. Je leur devais bien tous mes efforts pour les soins qu'ils avaient pris de mon enfance; et je n'avais aucun mérite à travailler pour eux. Mais, quelque laborieux qu'ils pussent être, mes bras leur étaient nécessaires. S'ils perdaient mon assistance, c'est à moi de les en dédommager. Il n'en est qu'un moyen. Par bonheur, il dépend de la première grâce que j'ai à vous demander, et que vous ne me refuserez point dans ce moment de joie, n'est-il pas vrai, mon père?

M. DE VERVILLE.

Oui, mon fils, parle, demande. Il n'est rien que tu n'aies le droit d'obtenir.

VALENTIN.

Eh bien! je vous en supplie, donnez-leur pour moi ces champs, puisque je ne pourrai plus les cultiver pour eux.

THIBAUT, *avec feu*.

Que dis-tu, Valentin?

M. DE VERVILLE.

Ce qu'il dit? Ah! ce qui porte la joie dans le fond de mon cœur, en me prouvant combien le sien est capable de reconnaissance. Oui, mon fils, je suis sûr maintenant de posséder bientôt ta tendresse, puisque je te vois si sensible à celle que ces braves gens avaient pour toi. Thibaut, reçois cette ferme des mains de mon fils. Je ne veux point lui ravir le plaisir de te la donner. J'y joindrai seulement, pour ma femme et pour moi, la métairie de Gervais, qui t'appartient aussi dès ce moment.

THIBAUT.

Arrêtez, monseigneur, arrêtez; je vous demande grâce. Ne nous accablez pas davantage. Comment pourrions-nous jamais nous acquitter envers vous? Voulez-vous nous rendre ingrats malgré nous-mêmes?

M. DE VERVILLE.

Ne commence donc pas à l'être, en m'ôtant la joie de reconnaître le don que tu me fais. Un fils ne vaut-il pas mille fois les biens que je t'abandonne? Parle, donnerais-tu le tien à ce prix?

THIBAUT.

Vous avez toujours le secret de me confondre, ainsi je vous laisse faire comme il vous plaira. Ce serait un crime à nous de batailler contre votre bonté. (*Il se tourne vers Marguerite.*) Ma chère femme, nous étions ce matin hors d'état de payer la moitié de nos dettes, et voilà que maintenant nous regorgeons de richesses! O mes enfans! je puis donc mourir sans être inquiet sur votre sort! Et toi, Valentin, quand je te perds, je te vois pourvu d'un père tel que tu le mérites! Je crains que ma pauvre tête ne se dérange de tant de joie.

M. DE VERVILLE.

Tiens, Thibaut, il faut boire un coup pour la raffermir.

THIBAUT.

Voilà un conseil admirable dont je veux profiter. (*Après avoir rempli les verres à la ronde, il se lève, ôte son chapeau et le fait tourner autour de sa tête.*) Allons, ma femme; allons, mes enfans. (*Voyant que George, Louison et Jeannette n'osent toucher à leur verre.*) Allons, vous dis-je, c'est un verre de reconnaissance; il faut le vider jusqu'au fond. Oui, marguerite, tu as beau leur faire des signes, il faut qu'ils en passent par là

MARGUERITE.

Mais, mon ami, je crains.....

THIBAUT, *l'interrompant.*

Tant mieux, ma femme; je veux qu'il leur en reste une petite pointe dans la tête, pour qu'ils se souviennent à jamais de ce grand jour. Laissons-les boire largement à la santé de notre bienfaiteur. Lorsqu'ils penseront dans la suite à tout ce qu'il a fait pour eux, ils lui rendront pour chaque goutte de vin mille fois plus de larmes de reconnaissance et de tendresse. Pardonnez, monseigneur, ils ne sont pas encore d'un âge à comprendre tout l'excès de vos bienfaits; mais laissez-les grandir. Aussi long-temps qu'ils jouiront de la vie vous serez béni par eux et par leurs enfans.

VALENTIN.

Oui, j'ose en répondre pour eux; je connais leur bon cœur. O mes chères petites sœurs, et toi, mon frère, jamais je n'oublierai l'amitié que vous avez eue pour moi! (*Il les embrasse.*) Mon père, vous me permettrez de ménager chaque jour sur mes plaisirs, pour leur donner de quoi se faire un établissement.

M. DE VERVILLE.

Doucement, je te prie; ne vas pas sur mes droits. Je viens tout à l'heure de m'engager pour le trousseau de Jeannette.

VALENTIN.

Eh bien! je me réserve George et Louison. Tu le veux, n'est-ce pas, ma mère Marguerite? (*Elle lui serre la main, et ne répond que par des larmes.*) Tu le veux aussi, mon père Thibaut !

THIBAUT.

Comment pourrais-je te refuser ce qui paraît te faire tant de plaisir? Oui, je l'accepte pour toi autant que pour moi-même. J'y mets pourtant une condition que je vais proposer à monseigneur.

M. DE VERVILLE.

Voyons, de quoi s'agit-il?

THIBAUT.

Vous m'avez dit souvent que vous et madame, vous désiriez avoir une petite maison de plaisance dans cette contrée pour y passer la belle saison. Le champ voisin est à vendre. Vous pouvez l'acheter pour y bâtir un petit pavillon à votre fantaisie. De cette manière, nous vous aurons près de nous pendant la moitié de l'année. Je parierais que Valentin prendrait de la mélancolie s'il lui fallait toujours être emprisonné dans la ville.

M. DE VERVILLE.

Qu'en dis-tu, mon fils?

VALENTIN.

J'en serais charmé, je l'avoue; je ne respire que l'air des champs.

M. DE VERVILLE, *avec un sourire.*

A la bonne heure. Tu vois, Thibaut, que je me rends plutôt à ta prière que tu ne l'as fait à la mienne.

THIBAUT.

C'est qu'il y a de la différence. Mais je n'ai pas tout dit. Ce terrain est assez grand pour y planter

un joli jardin. Vous me regardez, monseigneur ? Oh !
vous ne savez pas encore tout ce que Thibaut peut
faire. J'étais jardinier autrefois et je n'ai pas oublié
mon métier. Je me charge de vous arranger votre
parterre si joliment, qu'on vienne le voir de tout le
pays comme une merveille.

GEORGE.

Je prendrai pour ma part de creuser les canaux
et les fossés, de faire les terrasses et de planter les
arbres de vos allées.

MARGUERITE.

Et moi, je veux avec mes filles, relever les plates-
bandes, et les garnir de fleurs.

JEANNETTE.

Nous y porterons les plus belles de notre jardin.

LOUISON, *en sautant.*

Oh ! quand serons-nous à l'ouvrage ?

M. DE VERVILLE.

Y pensez-vous, mes amis ? Il faudra donc que
j'aille labourer vos champs, tandis que vous vous
occuperez de mon parterre ?

THIBAUT.

Ne pensais-je pas que vous auriez encore la ma-
lice de me contrarier. Écoutez, monseigneur, nous
en serons plus expéditifs à notre ouvrage. Et puis
le meilleur temps pour travailler à votre jardin, c'est
justement la saison où il n'y a presque rien à faire
dans les champs. Quoique Valentin soit maintenant
un seigneur, j'espère, qu'il voudra bien nous aider.
Ses mains sont accoutumées à manier la bêche ; et

travailler pour vous, ce sera son plus grand plaisir. Laissez nous faire. Chacun s'emploiera de bon cœur à sa besogne ; et tout sera fini avant que vous ayez eu le temps d'y songer. Mais voici le brave Gervais. Que nous veut-il ? (*Il se lève, court à lui, et le prend par la main.*)

SCÈNE XII.

M. DE VERVILLE, VALENTIN, THIBAUT, MARGUERITE, GERVAIS, GEORGE, JEANNETTE, LOUISON.

GERVAIS.

Je venais voir, Thibaut, si tu es content de tes vaches.

THIBAUT.

Ah ! mon cher voisin, je le suis bien davantage de ce que nous pouvons rester bons amis. Ton retour achève la joie de ma journée. Viens t'asseoir avec nous. Je veux te mettre en présence du meilleur homme qu'il y ait sur la terre.

GERVAIS, *en s'avançant.*

Que vois-je? monseigneur !

M. DE VERVILLE, *avec un sourire.*

Non, Gervais, je ne suis plus pour toi que M. de Verville, ton seigneur actuel, le voilà. (*En montrant Thibaut.*)

GERVAIS.

Comment donc, Thibaut?

THIBAUT.

Oui, mon ami, je le suis. Mais nous n'en serons pas moins familiers que ci-devant, si riche que je sois devenu.

GERVAIS.

Je ne comprends rien à ce discours.

THIBAUT.

Je le crois ; il en embarrasserait bien d'autres. On ne trouve pas deux fois en sa vie un homme aussi généreux que monseigneur ; tant il y a que je suis maintenant, par sa grâce, le maître ce cette ferme et de ta métairie.

M. DE VERVILLE.

Il est vrai ; je viens de les lui céder en toute propriété.

GERVAIS.

Eh bien ! Thibaut, je te félicite de tout mon cœur de cette bonne fortune, et je n'en suis point jaloux. J'espère que tu seras toujours pour moi un aussi bon seigneur que M. de Verville l'a été.

THIBAUT.

Ah ! mon ami, que je me trouve heureux de pouvoir reconnaître la droiture que tu m'as témoignée ce matin ! Vois ce que tu aurais gagné à suivre les conseils d'un méchant homme. Pour deux misérables vaches que tu aurais conservées, tu aurais perdu un bon ami. Ma petite fortune t'aurait fait crever d'envie et de dépit. En me voyant devenir le maître de ta métairie, tu aurais toujours eu la crainte que je ne te misse dehors pour me venger. Cette pensée

8.

aurait rempli ta vie d'amertumes. Au lieu de cela, tu trouves un cœur à toi et à toute épreuve. Mon plus grand plaisir sera de t'obliger. Je puis commencer dès ce moment. Je te rends les deux vaches que tu m'as envoyées, et je te tiens quitte pour deux ans de ton fermage. (*Gervais, dans sa profonde surprise, ne peut prononcer une seule parole, et le regarde avec des yeux fixes et la bouche béante.*)

M. DE VERVILLE.

Thibaut, je croyais que rien ne pouvait ajouter à la douceur que je goûtais de te faire du bien; mais l'usage que tu en fais me pénètre encore d'une joie mille fois plus douce. (*Il lui prend la main, et la serre.*)

THIBAUT.

Eh! monseigneur, il serait bien mal à moi de profiter de vos grâces, sans profiter aussi de votre exemple. C'est vous qui m'avez mis en passe d'obliger mon voisin, et je vous remercie de ce nouveau plaisir.

GERVAIS, *revenant à lui et se jetant au cou de Thibaut.*

Ah! mon ami, comment pourrai-je me rendre digne de toi? Rien ne me fait tant de peine que d'être hors d'état de te montrer ma reconnaissance.

THIBAUT.

Que dis-tu, Gervais? Dieu me préserve de rendre jamais quelque service pour avoir du retour! Faire le bien est une chose merveilleuse, qui porte en elle-même son meilleur prix.

GERVAIS.

Le ciel te bénira dans ta femme, dans tes enfans, dans toutes tes entreprises; et moi, je ne penserai

jamais à toi que les yeux pleins de douces larmes.
Je désire déjà ton bonheur plus que le mien. Je ne
suis jaloux que d'une chose, c'est de l'honneur que
M. de Verville t'a fait de manger avec toi. Écoute,
j'ai un agneau gras que je voulais vendre, je veux
maintenant qu'il serve à renouveller notre amitié.
Il faudrait que monseigneur, ainsi que toi, Thibaut,
avec Marguerite et tes enfans, vous vinssiez tous en
manger demain.

THIBAUT.

Cela me paraît fort bien arrangé, monseigneur.
Que vous en semble?

M. DE VERVILLE.

Je ne refuse rien aujourd'hui.

THIBAUT.

Ni moi, certes. Mais, voisin, je retiens un couvert
de plus. Oui, monseigneur, pour madame. Elle
manquerait à la fête. Il faut qu'elle s'y trouve, et je
défie alors tous les rois et toutes les reines ensemble
de faire un repas plus joyeux. C'est une journée bien
étonnante, Gervais! Nous sommes obligés, Marguerite et moi, d'aller en ce moment à la ville; mais
demain nous te raconterons des merveilles qui te
raviront de surprise et qui te feront mieux voir encore que la vertu, qui demeure ferme au milieu du
malheur, reçoit toujours sa récompense.

FIN DU CINQUIÈME ET DERNIER ACTE.

CHARLES SECOND,

Drame en cinq actes.

IMITÉ DE L'ALLEMAND DE M. STÉPHANIE.

PERSONNAGES.

CHARLES (STUART) II.
Le comte de DERBY.
Lord WINDHAM.
Ladi MARIE, sa mère.
Ladi SOPHIE, sa femme.
HENRI, son fils.
ÉLISABETH, sa fille.
CROMWELL, général }
LUKE, capitaine } de l'armée du parlement.
PEMBEL, } soldats
TARGOL, }
POPE, }
THOMAS, } domestiques du lord Windham.
JACQUES, }

PRÉFACE.

Le parti que Jacques I*er*, roi d'Angleterre, avait embrassé dans la querelle des évêques et des presbytériens avait irrité violemment ceux-ci, qui profitèrent de quelques abus d'autorité de l'administration pour soulever ouvertement le peuple contre Charles I*er*, son fils et son successeur. Les presbytériens ne voulaient qu'anéantir l'épiscopat, et diminuer l'autorité royale. Les indépendans, nouvelle secte qui se forma dans le sein de la première, aspiraient à renverser le trône pour établir une république. Cromwell, qui s'était d'abord également servi des uns et des autres pour satisfaire ses vues ambitieuses, s'était enfin déclaré pour les indépendans. Après avoir rempli le parlement et l'armée de personnes dévouées à sa fortune, ou dupes de son hypocrisie, il eut l'audace exécrable de faire condamner juridiquement son roi à périr sur un échafaud. Les presbytériens, qui se voyaient le jouet de ses artifices, n'osaient cependant se soulever contre l'autorité qu'il avait usupée. Ceux d'Écosse, plus hardis, appellèrent le fils aîné de Charles Ier, qui s'était réfugié en France, et le reçurent, en lui imposant des conditions très-rigoureuses. Cromwell aussitôt s'avança dans leur pays, et gagna sur eux la fameuse bataille de Dumbar, le 3 septembre 1650.

Les hostilités, interrompues par l'hiver, recommencèrent l'année suivante. Charles II, proclamé roi par les Écossais, mais indigné de la servitude dans laquelle ils le retenaient, prit le parti de quitter l'Écosse, où Cromwell était venu le poursuivre, et d'entrer en Angleterre avec une armée de quatorze mille hommes, dans l'espérance de la voir grossir des presbytériens anglais, et des partisans secrets de l'autorité royale. Cromwell ne lui laissa pas le temps de recevoir des secours ; il le suivit à grandes journées, l'atteignit avec des forces supérieures dans la ville de Worcester, et détruisit entièrement l'armée écossaise. Après avoir combattu vaillamment jusqu'aux dernières extrémités, Charles eut à peine le temps de se sauver avec une suite de cinquante hommes.

Les embarras dans lesquels il se trouva après sa défaite, obligé de se travestir sous les plus vils déguisemens pour échapper aux soldats que Cromwell avait envoyés sur tous les chemins; les témoignages de fidélité qu'il reçut du comte de Derby, compagnon de sa fuite; du lord Windham et de tous les domestiques de ce seigneur, qui le tinrent caché, malgré les peines rigoureuses prononcées par le parlement; le fanatisme des partis qui déchiraient l'Angleterre; l'état déplorable de la nation dans ces temps orageux, présentent une foule de situations attachantes et de tableaux instructifs que l'on a tâché de réunir dans ce drame. Les traits principaux sont toujours fondés sur la vérité historique, ainsi que l'on pourra s'en convaincre en consultant l'histoire de la maison de Stuart, par Hume, tomes III et IV, et les Élémens de l'Histoire d'Angleterre, de M. l'abbé Millot, tomes II et III.

La fuite du roi offrant une suite de rencontres, d'aventures et d'intrigues du plus grand intérêt, que l'on n'a pu faire entrer dans la marche du drame, j'espère que mes jeunes amis ne seront pas fâchés d'en trouver les détails à la suite du dernier acte.

CHARLES SECOND,

Drame.

ACTE PREMIER.

Le théâtre représente une forêt. Il n'est pas jour encore.

SCÈNE PREMIÈRE.

CHARLES, vêtu de simples habits de paysan, est caché dans le feuillage d'un chêne; le comte de DERBY, déguisé sous le même habillement, sort du milieu des broussailles et s'avance vers le roi.

LE COMTE DE DERBY.

Sire, le temps n'est pas encore venu de quitter votre retraite. Les soldats du parlement continuent de rôder autour de la forêt. Nous pourrions à chaque pas tomber entre leurs mains.

CHARLES.

Derby, je me sens assez de courage pour résister à ma douleur; mais tout mon corps est brisé de fatigue et de souffrances. J'ai déjà passé vingt heures dans cette situation déplorable. Il m'est impossible de la supporter plus long-temps.

DERBY.

Sire, je vous en conjure, souffrez ces incommodités passagères, plutôt que de devenir la proie de vos ennemis. Ils seraient impitoyables. Notre malheur, en les énivrant de leur succès, n'a fait qu'irriter leur barbarie : elle se déchargerait tout entière sur vous. Bientôt, je l'espère, nous irons chercher un asile plus commode et moins dangereux.

CHARLES.

Le soleil ne doit pas tarder à paraître. Si les ténèbres vous ont semblé si peu favorables pour nous sauver, la lumière du jour nous sera bien plus contraire. Et comment pourrais-je attendre la nuit prochaine dans l'état où je suis? L'âme s'arme en vain de ses forces, quand le corps perd les siennes.

DERBY.

Je sens doublement tous les maux que vous devez souffrir. Je voudrais vous les épargner au prix de ma vie; mais la destinée est au-dessus de nos volontés. Elle impose des lois; le courage est de s'y soumettre. Je m'immolerais moi-même pour vous la conserver; cependant, vous l'avouerai-je, sire, il m'en coûterait moins de vous perdre ici sous mes yeux, que de vous voir tomber en la puissance des rebelles pour orner leur triomphe insolent. J'entends venir des soldats. Dérobez-vous à leurs regards. Dès qu'ils seront passés, je reviendrai près de vous. (*Il retourne dans les broussailles.*)

CHARLES.

Eh bien! fidèle Derby, je suivrai tes conseils. Je saurai souffrir, dut l'épuisement de mes forces me faire tomber sans vie au pied de cet arbre. (*Il se cache entre les branches.*)

SCÈNE II.

TALGOL, PEMBEL, soldats de Cromwell.

TALGOL.

Ne serait-il pas mieux de nous reposer ici jusqu'au jour?

PEMBEL.

Pourquoi s'arrêter? nous serions bien plus à notre aise les coudes sur la table, dans la première auberge.

TALGOL.

Prends les devans, si tu veux. Tout le monde est encore dans le sommeil. Au lieu d'aller perdre mon temps à frapper aux portes, je vais m'étendre ici. (*Il se couche sous le chêne où le roi se tient caché.*)

PEMBEL.

Du haut de cet arbre, tu pourrais voir le jour prêt à poindre là-bas entre les collines. Entends-tu les premiers chants du coq, le réveille-matin du paysan? Nous trouverons toutes les maisons prêtes à s'ouvrir. Allons, lève-toi, marchons.

TALGOL.

Ce que j'ai une fois résolu, je l'exécute.

PEMBEL.

Il ne tiendrait qu'à moi d'en dire autant, et il faudrait nous séparer. Je ne change pas plus que toi dans mes résolutions; ma barbe le témoigne. Jusqu'à ce que Stuart soit entre nos mains, j'ai juré que le rasoir n'y toucherait pas. Vois comme elle est déjà longue.

TALGOL.

Une barbe est plus facile à supporter que la fatigue.

PEMBEL.

N'as-tu pas de honte d'être fatigué, dans une poursuite qui peut faire ta fortune?

TALGOL.

Je n'en voudrais pas à ce prix.

PEMBEL.

C'est que tu n'es pas encore tout-à-fait éclairé. Je puis te prouver, moi, qu'il est impie à des élus de se laisser abattre par un peu de lassitude, lorsqu'il s'agit des ordres du ciel.

TALGOL.

Il ne m'a rien ordonné. Je n'ai pas juré par ma barbe de livrer Stuart. S'il faut le dire, quel droit avez-vous sur lui?

PEMBEL.

Le droit de la bonne cause. Comment un profane peut-il dominer sur des élus? Nous marchions hors des voies du ciel. Il nous a donné, dans sa colère, un tyran armé d'une verge de fer. Maintenant que nous sommes éclairés, il nous donne la puissance de briser la verge dont il nous a châtiés si long-temps.

TALGOL.

Je dirai toujours que c'est une injustice de nous ôter les rois que Dieu nous a donnés.

PEMBEL.

Dieu ne veut de roi que lui-même pour gouverner son peuple. Il ne veut de spectacle que toute l'armée en prières. Voilà ce qui nous a fait avancer dans le bon parti.

TALGOL.

Beaucoup trop loin. Passe pour extirper l'épiscopat et le papisme ; je ne m'étais armé que pour cela. C'est dans ce grand dessein que nous vous avons pris pour auxiliaires ; mais vous avez si bien fait, que vous nous avez ravi le pouvoir, et vous l'exercez selon vos erreurs. Vous avez déjà fait mourir votre roi. Il vous en coûtera cher.

PEMBEL.

Tu n'as qu'à entendre Cromvell. Il t'apprendra ce que tu dois penser. Voici ce qu'il a dit : « Lors-
» que je voulus parler pour le rétablissement du
» roi, je sentis ma langue se coller dans ma bou-
» che ; réponse manifeste du ciel, qui rejetait le
» prince endurci. » Mais réponds toi-même, ce roi était-il digne de nous commander ? n'avait-il pas le premier attaqué votre parti ?

TALGOL.

Oui, sans doute. Il voulait asservir nos consciences à sa pensée.

PEMBEL.

Qui s'est d'abord élevé contre ces entreprises ? n'est-ce pas vous ?

TALGOL.

Ce n'était pas à lui qu'en voulaient nos armes, c'est à ses méchans conseillers.

PEMBEL.

Il en était inséparable. Leur laisser faire le mal, n'était-ce pas le faire lui-même ?

TALGOL.

Il est vrai. C'était sa faute.

PEMBEL.

Et quel était votre objet ?

TALGOL.

La liberté de nos âmes.

PEMBEL.

Vous l'a-t-il donnée ?

TALGOL.

Non.

PEMBEL.

L'auriez-vous jamais eue, si le parlement ne vous eût soutenus ?

TALGOL.

Jamais, j'en conviens.

PEMBEL.

Et le parlement n'est-il pas la voix de la nation ?

TALGOL.

Sans doute, puisqu'il la représente.

PEMBEL.

C'est donc au parlement, c'est à la nation qu'il nous faut obéir, surtout quand nous en sommes si bien payés.

TALGOL.

Tes raisons commencent à me paraître plus fortes.

PEMBEL.

Vois comme tu étais aveuglé. Dieu voulait punir un tyran, et il vous a d'abord choisis pour commencer sa vengeance. Il fallait d'autres instrumens pour la consommer, et nous sommes venus achever ce grand ouvrage. N'agissons-nous pas en société avec vous? La bonne cause n'est-elle pas notre objet aussi bien que le vôtre? Fallait-il souffrir un profane qui voulait nous écraser, nous qui sommes enfans du Seigneur?

TALGOL.

Je commence à voir.

PEMBEL.

Patience. La lumière va descendre encore plus sur toi. Débarrassés du premier tyran, pourquoi sommes-nous allés à main armée à Worcester? N'était-ce pas dans la vue d'empêcher son fils de renverser les fondemens que nous avions établis pour la sûreté de nos consciences et de nos libertés? Le ciel n'a-t-il pas approuvé nos actions par la victoire éclatante que nous avons remportée? Stuart était venu contre nous avec une armée nombreuse. Ne l'avons-nous pas chassé comme le vent chasse la paille légère? Quand Dieu, parle, est-ce à nous de résister à sa voix?

TALGOL.

Tu as raison; il a fait éclater visiblement sa volonté.

PEMBEL.

Il demande que nos consciences soient pures. Stuart veut les souiller de ses erreurs, et nous pourrions cesser de le poursuivre!

TALGOL.

Le ciel nous en préserve. Le fils n'est pas encore assez lavé des impiétés de son père, pour commander à des élus comme nous le sommes. Nous devrions l'arrêter, de crainte de désobéir nous-mêmes au Seigneur.

PEMBEL.

Peut-être aurions-nous eu déjà le bonheur de le prendre, si ton cœur, par ses doutes, n'eût offensé le ciel. D'autres, avec des cœurs plus dociles, nous auront enlevé ce bonheur. Nous allons sûrement trouver Stuart près de Cromwell.

TALGOL.

Que me dis-tu? Je ne me consolerai jamais de le voir arrêté par d'autres mains que les nôtres. Le coq chante encore. C'est un bon présage. Il faut partir et chercher notre proie de tous les côtés. Je ne me sens plus de fatigue.

PEMBEL, *d'un air hypocrite.*

Si le ciel ne m'eût prêté de la patience et des lumières, tu ne serais pas encore éclairé. (*Ils partent.*)

SCÈNE III.

CHARLES, un moment après qu'il les a vus s'éloigner.

Perfide Cromwell! voilà bien ton génie! Ce n'est pas assez d'armer contre moi l'ambition par l'attrait du pouvoir, l'audace par la licence, et la cupidité par la rapine, tes lâches émissaires vont armer par le fanatisme, l'ignorance et la faiblesse. Ton hypocrisie fait descendre l'impiété du ciel même, pour étouffer dans les consciences les derniers sentimens de droiture. Je me plaignais des maux qui m'accablent : c'est sur mon peuple qu'il faut gémir. Il ne voit pas les fers que lui forge ta main scélérate. Je ne perds que ma couronne, et peut-être la vie, lorsqu'il perd la liberté, le repos, l'honneur et la vertu.

SCÈNE IV.

(*Le soleil est prêt à paraître.*)

CHARLES, POPE.

POPE, *en habit de messager; il s'arrête sous le chêne, et regarde le soleil levant.*
Un nouveau jour commence. Dieu de bonté, je t'implore. Que notre roi se dérobe encore aujourd'hui à ses persécuteurs. Daigne le prendre sous ta

protection, et veiller sur sa vie. Il est assez de fidèles sujets pour soupirer après son rétablissement ; mais il en est trop peu pour oser s'armer en sa faveur. Il ne lui reste que toi pour le secourir. Grand Dieu ! fais éclater ta puissance. Rends-lui sa couronne ; rends-nous le repos et notre jeune roi.

CHARLES.

Je puis enfin compter un sujet fidèle. Je veux le voir et lui parler. (*Il écarte entièrement le feuillage, et se découvre.*)

POPE, *tournant de tous côtés la tête.*

J'entends du bruit, je crois. (*Il veut s'en aller.*)

CHARLES, *descendant de l'arbre.*

Mon ami, attendez un moment, je vous en conjure.

POPE, *d'un air soupçonneux.*

Que faites-vous là ?

CHARLES, *allant vers lui.*

Vous me paraissez un honnête homme...

POPE.

Je le suis. Eh bien ?

CHARLES.

J'aurais un service à vous demander.

POPE.

Qui êtes-vous d'abord ?

CHARLES.

Je suis un paysan fugitif des environs de Worcester. J'ai passé la nuit sur cet arbre pour échapper aux soldats du parlement, parce que je suis du parti royal. Je viens de comprendre à votre prière touchante que vous êtes du même parti. Voilà pourquoi j'ai osé vous appeler.

POPE.

Si vous dites vrai, vous n'avez rien à craindre de ma part. Mais qu'attendez-vous de moi?

CHARLES.

A qui appartenez-vous?

POPE.

Au lord Windham, qui demeure dans le voisinage.

CHARLES.

Windham! J'ai entendu parler de lui.

POPE.

Eh bien, je l'espère. Il est vrai que ce que j'appelle *bien* est criminel aux yeux du plus grand nombre; mais je lui dois toujours son vrai nom.

CHARLES.

Il m'est revenu que ce lord vivait en paix à l'écart.

POPE.

Il est vrai; mais savez-vous pourquoi? Il servait avec sa famille dans l'armée du roi décapité. A la bataille de Naseby, il perdit son fils aîné, l'espérance de sa maison. Après la déroute de l'armée royale et la prise du roi, il vint dans cette contrée pour y pleurer le sort cruel de son maître. Il jura de ne point retourner à Londres avant que le peuple ne se fût soumis au fils du légitime souverain. Il tint rigoureusement sa parole. Depuis la malheureuse bataille il n'a pas quitté son château.

CHARLES, *à part.*

Dieu soit loué! je trouve un asile.

POPE.

Maintenant dites-moi quel est votre dessein.

CHARLES.

Je voudrais vous prier de me conduire auprès de milord. Il sera touché de mes malheurs, et sans doute il ne me refusera pas une retraite de quelques jours dans sa maison.

POPE.

J'y retourne en ce moment. J'ai marché toute la nuit pour ses dépêches. Je vous emmènerais volontiers avec moi, si j'étais sûr que vous soyez du bon parti; car autrement il serait inutile de vous présenter devant ses yeux. Vous vous étonnez peut-être de ce que j'ose découvrir avec tant de liberté ce que je pense. Mais, malgré toute la tyrannie du parlement, nous ne craignons pas de le dire, nous sommes trop faibles pour nous élever contre la rébellion; la force peut nous contraindre à rester en repos, mais non à trahir ou même à déguiser nos sentimens.

CHARLES.

Je suis charmé de vous voir dans ces dispositions. Il y a près de vingt-quatre heures que je me tiens caché sur cet arbre pour me dérober aux soldats de Cromwel. J'ai pleuré de larmes de sang la bataille de Worcester, que nous avons perdue. Mon cœur est tout royal; et, quelle que soit ma destinée, jamais on ne me verra changer.

POPE.

Ni moi, ni mon maître non plus. Ah! cette funeste bataille nous a tous plongés dans la douleur. Que sera devenu notre jeune roi? O Dieu! qu'il soit encore vivant, et qu'il échappe à ses ennemis!

CHARLES.

Avez-vous appris de ses nouvelles?

POPE.

Aucune, si ce n'est qu'il erre dans la contrée avec un petit nombre des siens. Il n'aurait eu qu'à tomber la nuit dernière entre les mains du parlement! Mais non, j'espère que ma prière l'en aura préservé.

CHARLES.

Mon brave ami, il se trouverait bien heureux de pouvoir reconnaître un attachement si fidèle!

POPE.

Et qui sait s'il est en état de pourvoir à ses propres besoins? Il est sans doute plus embarrassé que je ne le suis. Ce serait à moi de l'aider du peu que je possède.

CHARLES, *avec un soupir.*

Ah! tant de générosité ne peut manquer tôt ou tard de recevoir le prix qu'elle mérite.

POPE.

Que me parlez-vous de récompense? Que l'Angleterre ait seulement son roi, je suis payé de reste. Mais si vous voulez me suivre, venez; il est temps que je rentre à la maison.

CHARLES, *le retenant par la main.*

Encore un instant, mon ami. (*Il fait un signal.*)

POPE, *avec surprise.*

Que faites-vous? je crois que vous êtes un traître.

Eh bien! je ne démentirai pas ce que j'ai dit. Je n'ai ni femme ni enfans, et ma simple personne ne vaut pas la peine que je m'en embarrasse. Ce n'est encore que trop d'honneur pour moi de périr sous la cognée qui a fait tomber la tête du roi et de tant de grands seigneurs. Faites venir votre bande; je n'ai pas à rougir, car je n'ai dit que la vérité.

CHARLES.

Non, mon ami; vous jugez mal de mes sentimens. J'appelle un compagnon de ma fuite qui s'est caché dans ces broussailles. Nous mettons en vous la plus entière confiance. Je n'aurais à souhaiter que de voir à toute l'Angleterre une manière de penser aussi noble que la vôtre.

SCÈNE V.

CHARLES, DERBY, POPE.

DERBY, *embarrassé*.

Que vois-je?

CHARLES.

Rassurez-vous. Je veux suivre ce brave homme. Il appartient au lord Windham, qui ne demeure pas loin d'ici.

DERBY.

Milord Windham! en sommes-nous si près?

POPE.

Nous n'avons que pour une heure de chemin.

CHARLES.

Voyez-vous quelque danger à lui demander un asile ?

DERBY, *avec des marques de respect.*

Non. Milord est un fidèle partisan du roi.

POPE.

Oui, par ma tête, il l'est ; et qui pense autrement ne doit pas venir dans sa maison. Nous faisons tous les jours des prières pour le salut du prince. Je ne conseillerais pas au fils unique de milord de les faire avec moins d'ardeur que son père. Je le servais à la bataille de Naseby. Le cadavre sanglant de son fils aîné était sous ses yeux, et je ne sais si ses larmes étaient plus amères sur cette perte que sur la défaite du roi.

CHARLES, *bas à Derby.*

Ainsi donc nous irons chez lui.

DERBY, *bas au roi.*

C'est mon avis, si j'ose vous le proposer, sire.

POPE, *qui entend le dernier mot.*

Sire !... Eh ! bon Dieu, je crois que c'est lui-même ! Oui, mon cœur me le fait sentir. *Il se jette à ses pieds.*) Sire, pardonnez-moi de vous avoir parlé un moment avec tant de rudesse. Et comment imaginer qu'un roi d'Angleterre fût caché sous ces misérables habits ? Mais je dois trouver grâce devant vous, puisque, sans vous connaître, vous avez connu le fond de mon cœur ? Que vous dirais-je encore ? Je ne puis parler, tant je suis enivré de ma joie. Quel bonheur, que le maître de trois royaumes tombe précisément en de pauvres mains comme les miennes !

CHARLES.

Que faites-vous, mon ami ? Vos transports vous égarent. Je ne suis pas ce que vous dites.

POPE.

Oh ! vous l'êtes à la face de la terre et des cieux. Pourquoi vous déguiser ? votre front vous découvre. Et moi, qui vous appelais un traître ! Autant je me trompais tout à l'heure, autant je dis vrai maintenant. Daignez porter la main sur mon cœur. Battrait-il avec tant de violence, si je n'étais près de mon roi ?

CHARLES.

Relevez-vous, mon ami, votre erreur peut causer notre perte.

DERBY.

Est-ce que le roi n'aurait pas une suite ?

POPE.

Il devrait au moins en avoir une, voulez-vous dire ? Mais, hélas ! ce maudit Cromwell lui en a-t-il laissé ? Il n'en a pas besoin pour être toujours mon prince. Dites-moi, de grâce, que vous l'êtes. Vous ne daignez pas me répondre ? Je le vois, on craint de se fier à moi. Cependant, sire, j'ose vous attester vous-même ; après ce que vous avez entendu de ma bouche, pouvez-vous me refuser votre confiance ? S'il y a dans toutes mes veines une goutte de sang déloyal, qu'elle se répande sur mon cœur et l'étouffe.

CHARLES.

Je suis persuadé que vous êtes un honnête homme, et c'est pour cela que je ne veux pas vous tromper.

POPE.

Eh bien! sire, il suffit. On ne suit pas un guide de qui l'on se défie. Voilà le chemin qui conduit chez milord. Allez-y sans moi. Mais auparavant voici mes armes, cassez-moi la tête. Je n'ose répondre de moi-même, puisque vous avez des soupçons sur mon honnêteté. (*Charles, d'un signe, demande conseil à Derby, qui lui témoigne son approbation.*)

CHARLES, *à Pope.*

Vous êtes digne de me connaître. Je suis le malheurs roi d'Écosse.

POPE, *avec chaleur.*

Et d'Angleterre, et d'Irlande aussi! Vous l'êtes toujours aussi vrai que j'embrasse vos genoux.

CHARLES.

Vous voyez le péril où nous sommes. Hâtez-vous de nous sauver.

POPE, *se relevant à regret.*

Malheureux temps, où l'on ne peut pas baiser à son aise les pieds de son roi!

CHARLES.

Conduisez-nous chez milord; mais, je vous en conjure, ne dites à personne qui je suis, pas même à votre maître.

POPE.

Sire, je ne suis qu'un pauvre paysan; mais je sais

que la prière d'un roi est un ordre sacré pour un sujet fidèle, et je ne veux pas, aujourd'hui surtout, en perdre le nom.

CHARLES.

Vous possédez le secret le plus important de l'état; mais je crois votre cœur assez grand pour le renfermer.

POPE.

Ah! sire, je braverais des supplices affreux pour mériter cette louange.

CHARLES.

Derby, mes pieds n'ont pas la force de me traîner pour aller joindre nos chevaux.

POPE, *avec empressement.*

Où sont-ils? où sont-ils?

DERBY.

Là-bas dans les broussailles; je vais les chercher.

POPE.

Non, non; nous sommes ici trop près du chemin, on pourrait nous surprendre. Permettez, sire, je vais vous porter jusque-là. Nous pourrons ensuite aller en pleine forêt jusqu'à la maison.

CHARLES.

Je ne vous donnerais pas cette peine, si je pouvais me soutenir.

POPE, *le prenant dans ses bras.*

Venez, sire, venez. (*En marchant.*) Que l'on me fasse voir un homme de mon importance! Le plus grand secret de l'état dans le cœur, et le destin de trois royaumes sur les épaules! (*Ils sortent.*)

FIN DU PREMIER ACTE.

ACTE II.

Le théâtre représente un salon dans le château du lord Windham.

SCÈNE PREMIÈRE.

WINDHAM est assis près d'une table, dans une attitude triste et rêveuse; HENRI, son fils, entre un moment après, le salue et lui baise la main. Windham paraît toujours enseveli dans sa profonde rêverie.

HENRI.

Mon père, je vous en conjure, arrachez-vous à ces tristes pensées.

WINDHAM, *le regardant d'un œil abattu.*

Mon fils, la bataille est perdue, cette bataille sur laquelle reposait notre dernière espérance. On ignore la destinée du roi. Je tremble qu'il n'ait succombé sous ces malheurs. Qui pourrait alors arrêter la furie des rebelles, ou s'opposer à leurs entreprises? Et tu ne veux pas que je pleure sur le sort de mon pays!

HENRI.

Votre douleur est juste; mais elle attaque vos

jours. Que deviendraient votre mère et vos enfans, s'ils avaient le malheur de vous perdre dans ces circonstances orageuses?

WINDHAM.

La mort serait peut-être le bien le plus désirable pour nous. Vois quelle est notre situation. Tout ce que le temps avait épargné des restes précieux d'une antique noblesse a perdu la vie dans les tortures, ou languit dans la proscription hors du royaume. Des aventuriers, encore plus méprisables par leurs vices que par leur obscurité, ont remplacé nos pairs dans le parlement. Au lieu de nos braves généraux, on voit de vils artisans occuper les premiers postes de l'armée. Le fanatisme le plus abominable règne à la place de la religion. Des prédicans forcenés, divisés en mille sectes, étouffent la voix des dignes ministres de l'Évangile. Sous l'apparence de la piété, l'hypocrisie s'abandonne à des excès scandaleux. Elle justifie ses crimes par des blasphêmes atroces qu'elle met dans la bouche de Dieu contre lui-même. Les vrais amis de la patrie sont poursuivis comme des scélérats. L'infamie est assise sur le trône de la justice. La vie doit-elle avoir quelque prix au milieu du spectacle de ces horreurs?

HENRI.

Non, mon père; elle serait odieuse si ces maux devaient durer toujours. Mais pourquoi laisser abattre notre courage? Qui sait....?

WINDHAM.

Et sur quels fondemens pourrait s'appuyer notre

espoir? L'armée royale est détruite. Quand le prince vivrait encore, où trouverait-il des forces pour rétablir sa fortune? Ses partisans, rebutés par une longue suite de disgrâces, loin d'oser résister au torrent, vont peut-être en grossir le ravage. Notre dernière ressource n'est que dans le comble de la tyrannie qui se prépare. Le fier anglais, trouvant alors sa tête courbée sous un joug plus pesant, s'armera de de toute l'énergie de son caractère pour le secouer. Mais combien de troubles et de désordres amènera cette heureuse révolution! Je ne vivrai pas assez pour en être témoin. Mais toi, mon fils, si tu dois me survivre, demeure toujours ferme dans les sentimens que j'ai su t'inspirer. N'embrasse jamais la cause d'un parlement despotique. Il deviendra le fléau le plus épouvantable de la patrie. Reste plutôt dans une sage inaction, jusqu'à ce que le peuple, revenu de ses fatales erreurs, en soit réduit à soupirer après le gouvernement qu'il vient de proscrire.

HENRI.

Je jure entre vos mains que ces instructions sacrées ne sortirons jamais de ma mémoire ni de mon cœur.

SCÈNE II.

WINDHAM, HENRI, POPE.

POPE.

Milord, miladi votre sœur se trouve beaucoup

mieux ; mais elle désire avec ardeur de voir aujourd'hui sa mère. Le colonel Lane vous présente ses respects. Il va s'embarquer.

WINDHAM.

Pour quel pays ?

POPE.

Pour la France. J'ai vu ses bagages que l'on transportait dans le vaisseau, parce qu'il doit mettre demain à la voile dès le point du jour.

WINDHAM, *avec un soupir.*

Encore un brave citoyen qui s'exile de sa patrie ! L'état verra bientôt ses membres les plus sains dispersés loin de lui. N'as-tu rien appris de la destinée du roi ?

POPE.

Il vit toujours, milord ; il erre dans ces campagnes, suivi d'un courtisan fidèle.

WINDHAM.

Réduit à se cacher dans ses propres états ! Quelle déplorable condition ! Mais Dieu soit loué de ce qu'il respire encore ! Cours sur-le-champ porter cette nouvelle à ma mère.

POPE.

Je vous amène deux fugitifs de Worcester, qui demandent pour quelques jours un asile.

WINDHAM.

Qu'ils se présentent devant moi. (*Pope sort.*)

SCÈNE III.

WINDHAM, HENRI.

HENRI.

Quoi! mon père, recevrez-vous ces étrangers sans les connaître? Si c'étaient des ennemis déguisés?

WINDHAM.

Qu'importe, mon fils? Quel mal peuvent-ils nous faire? Témoigner que nous sommes fidèles au roi, toute l'Angleterre le sait. Je n'ai jamais désavoué des sentimens qui me sont plus chers que la vie.

SCÈNE IV.

CHARLES, DERBY, WINDHAM, HENRI, POPE.

WINDHAM.

Bonjour, mes amis; je viens d'apprendre que vous cherchez une retraite dans mon château.

CHARLES.

Oui, milord; nous sommes venus avec confiance nous jeter dans vos bras.

WINDHAM.

Je suis prêt à vous y accueillir, quand je saurai qui vous êtes.

CHARLES.

De zélés partisans du roi. Vous ne devez pas ignorer que son armée a été mise en déroute il y a trois jours. Nous avons été séparés de sa suite. La crainte de tomber entre les mains des rebelles nous a forcés ds prendre ce déguisement. Nous vous prions de nous donner une sauve-garde, jusqu'à ce que les chemins soient plus sûrs pour nous en retourner.

pope, *bas à Windham, après lui avoir avancé des fauteuils.*

Ils sont fatigués, milord.

WINDHAM.

Asseyez-vous et prenez du repos. Je veux bien m'en rapporter à votre simple parole. Quel serait votre objet en vous renommant d'un autre parti? Le parlement a vaincu le roi, mais non le cœur de tous ses fidèles sujets. Je fais profession d'être de ce nombre. Si vous n'êtes venus que pour m'épier, vous avez mon aveu, et votre mission est remplie. Un plus long séjour ne vous en apprendrait pas davantage. Cependant je vous accorde l'asile que vous me demandez; et si vous êtes ce que vous dites, c'est avec bien de la joie.

CHARLES.

Recevez, milord, nos remercîmens, et croyez que nous sommes incapables de vous en imposer. Nous étions de l'armée écossaise.

WINDHAM.

En ce cas, je me réjouis de pouvoir être utile à de braves gens. Disposez de ma maison. Mais, avant tout (*d'une voix attendrie*), hâtez-vous de m'apprendre tout ce que vous savez du roi.

CHARLES

Après la funeste bataille, il quitta Worcester vers six heures du soir, suivi d'une escorte de cinquante hommes. Il courut vingt-six milles sans s'arrêter. Il crut alors devoir se séparer de sa suite ; et, seul avec le comte Derby, il se jeta dans la forêt prochaine. Depuis ce temps, il n'est rien de nouveau dans sa destinée.

WINDHAM.

Que la faveur du ciel accompagne tous ses pas ! Mon cœur est soulagé d'une grande tristesse, en le voyant du moins hors du premier danger. Nous ignorions encore s'il était sorti vivant du champ de bataille (*en essuyant ses yeux*). Heureux Derby, le ciel a remis en tes mains le gage du bonheur de l'état ! Conserve-nous, même au prix de ta vie, ce dépôt sacré. Ton cœur a toujours été ferme devant son devoir ; sois digne de ta première vertu.

DERBY, *avec chaleur*.

Il le sera, milord, il le sera. Je le connais assez pour le jurer en son nom.

WINDHAM, *regardant fixement Derby*.

Mon ami, vos traits ne me sont pas étrangers.

DERBY.

Je serais bien changé, Windham, si vous ne me reconnaissiez plus.

WINDHAM.

Et quoi ! serait-ce Derby lui-même ?

DERBY.

Vous le voyez.

WINDHAM, *se jetant à son cou.*

Brave Derby ! (*Après l'avoir tenu quelque temps dans ses bras, il revient à lui ; il voit Derby inquiet en regardant le roi; il regarde lui-même, et s'écrie avec un mouvement de surprise :*) Oserais-je en croire mes yeux ?

DERBY.

Ils sont aussi fidèles que votre cœur. Voilà mon dépôt sacré : je le remets sous votre garde.

WINDHAM, *se précipitant sur la main du roi, et la baisant avec transport.*

Ah ! sire, quelle est ma félicité ! Recevez dans ces larmes le premier hommage de mes sentimens. Je vois le ciel se déclarer en votre faveur, puisqu'il m'a choisi pour vous recevoir.

CHARLES.

Milord, je connais votre loyauté : c'est pourquoi je me livre à vous sans crainte.

WINDHAM.

Sire, je ne chercherai donc pas à vous rassurer. Voici mon fils unique ; je l'ai nourri dans mes principes. Il brûle déjà de répandre son sang pour la cause de son roi.

HENRI.

Oui, sire ; j'en ai fait souvent le vœu dans mon cœur. Avec quel transport je le renouvelle sur votre main ! (*Il baise la main du roi.*)

CHARLES.

J'accepte vos services pour un temps plus heureux.

WINDHAM.

Votre majesté me permettra-t-elle de lui présenter le reste d'une famille entièrement dévouée à ses intérêts ?

CHARLES.

Vous m'inspirez une forte envie de la connaître. J'allais vous demander le plaisir de la voir.

WINDHAM, *à Pope.*

Courrez appeler ma mère, ma femme, ma fille ; qu'ils viennent sur l'heure. Mais je vous défends de les instruire de ce que vous venez d'entendre.

POPE.

Milord, je savais tout, et j'ai été discret, même envers vous. Jugez si d'autres auront mon secret.

SCÈNE V.

CHARLES, DERBY, WINDHAM, HENRI.

WINDHAM.

Nous n'avons pas laissé passer un seul jour sans adresser au ciel des prières ardentes pour votre conservation. Elles ont été sans doute exaucées. Vous daignez vous confier à ma foi. C'est la récompense la plus flatteuse dont il puisse honorer mon zèle.

CHARLES.

Et moi, je regarde ce noble témoignage comme un adoucissement à mes malheurs. Sans vous, je n'étais pas même sûr de trouver un asile.

WINDHAM.

Pourquoi le sort n'a-t-il pas mis dans nos mains la même force que dans nos âmes? votre destin serait bientôt décidé. Mais, hélas! je n'ai à vous offrir que des vœux impuissans, une famille faible et désarmée. Quand nous voudrions payer de tout notre sang l'honneur de vous rétablir sur le trône glorieux de votre père, nous sommes réduits à ne pouvoir disposer pour vous que d'une retraite obscure.

CHARLES.

C'est tout ce que nous avons à désirer pour le moment. Le torrent des revers nous entraîne; il est violent, mais il passe. Le sang de mes sujets m'est trop cher pour opposer à la fortune impérieuse une résistance inutile. Gardons-nous des mouvemens d'un désespoir aveugle, et restons armés de notre seul courage. Le temps viendra où nous pourrons nous en servir avec plus de prudence et de dignité.

SCÈNE VI.

CHARLES, DERBY, WINDHAM, HENRI, LADI MARIE, LADI SOPHIE, ÉLISABETH, POPE.

LADI MARIE.

Mon fils, pour quel sujet si pressant nous avez-vous fait appeler?

WINDHAM, *au roi, en lui présentant sa famille.*

Voilà ma mère, voici mon épouse, cette jeune personne est ma fille; j'ai l'honneur de vous les présenter. Elles pensent toutes comme moi. Votre majesté n'a pas de cœurs plus fidèles.

LADI MARIE.

Sa majesté! Qu'entends-je?

LADI SOPHIE et ÉLISABETH.

Ciel!

WINDHAM, *les yeux baignés de larmes.*

Oui, c'est votre roi.

LADI MARIE, *se précipitant à ses pieds.*

Ah! sire, laissez-moi embrasser vos genoux; laissez-moi m'assurer que vous respirez encore..... Mes enfans, il est toujours notre souverain sous ces habits. Suivez mon exemple, recevez-le selon sa royauté; tombez à ses pieds pour lui jurer le respect, l'obéissance et le dévouement.

WINDHAM.

Sire, daignez me pardonner. L'excès de ma joie m'avait fait oublier mon premier devoir. (*Il tombe à ses pieds, ainsi que ladi Sophie, Élisabeth et Henri.*)

CHARLES.

Relevez-vous, mes amis. Ces hommages ne conviennent guère à ma situation. Je suis bien loin de mon trône. (*Il relève ladi Marie, et les autres se relèvent.*) Windham, est-ce là toute votre famille?

WINDHAM.

Oui, sire; je la voudrais plus nombreuse, pour avoir un plus grand nombre de partisans à vous offrir.

CHARLES, *se plaçant entre ladi Marie et ladi Sophie, et leur prenant la main.*

Milord et son fils viennent de me promettre leurs services ; mais je veux être sous votre protection particulière. La joie qui se peint dans vos yeux me persuade que je n'aurai pas beaucoup de peine à l'obtenir.

LADI MARIE.

Nous serions trop heureuses de pouvoir signaler notre attachement à votre couronne, en des circonstances moins tristes. J'ai perdu, dans la défense de votre parti, trois fils et un petit-fils ; mais leur mort ne m'a point fait rougir de mes regrets, puisqu'ils l'ont reçue en faisant leur devoir. Vous voyez, à l'exception, d'une fille que j'ai encore, tout ce qui reste de notre maison. Il n'est aucun de nous à qui la vie soit plus chère que votre gloire. Nous brûlons tous à l'envie du zèle de vous servir. Vos malheurs et ceux de votre père ont fait le tourment de ma vieillesse. Il semble que le ciel veuille en adoucir la rigueur, en offrant à mes yeux l'objet de mes plus tendres alarmes, et en me donnant les moyens de conserver ses jours sacrés. (*Avec une joie plus vive.*) Ah ! sire, quelle volupté pour mon cœur !

CHARLES, *lui serrant la main entre les siennes.*

Je ne suis point étonné de voir régner de si nobles vertus dans une famille qui vous honore ; mais j'admire que vous ayez conservé tant de constance, et que mes disgrâces, qui m'ont fait perdre mes derniers amis, n'aient pas abattu votre fermeté.

WINDHAM.

Sire, nous avons hérité des sentimens de nos ancêtres. Peu de jours avant sa mort, mon père nous fit venir devant lui; et, d'une voix que sa faiblesse rendait plus frappante, il nous dit : « Mes enfans, l'Angleterre a vu luire pendant les trois derniers règnes des jours tranquilles et sereins; mais je vois de tous côtés s'élever des nuages qui nous annoncent de violentes tempêtes. Préparez-vous à les soutenir. Tout le royaume en sera ébranlé. Demeurez fermes au milieu des orages. Aimez toujours votre pays, soyez fidèles au prince, et supportez sa couronne, le plus sûr appui de la liberté. » Ces paroles firent sur nos esprits une impression si profonde, que tous les bouleversemens dont nous avons été témoins n'ont pu l'en effacer.

CHARLES.

Windham, vous êtes digne de posséder l'héritage de vertu que vous a laissé votre père.

LADI SOPHIE.

Mon époux aurait perdu mon estime, s'il ne l'avait cultivé pour ses enfans.

HENRI.

Je ferai ma gloire de le transmettre à tous les miens.

ÉLISABETH.

Sire, je ne suis rien encore dans le monde; mais à l'exemple de mes parens, je me sens capable de tout entreprendre pour votre service.

CHARLES.

Respectable famille, quels doux transports j'éprouve dans votre sein! Après avoir essuyé tant d'ingratitude et de perfidie, mon cœur respire en liberté près de vous, en recevant les tendres témoignages de votre attachement.

DERBY.

Maintenant, mes amis, il est temps de s'occuper de la sûreté du roi. La prudence nous défend de prolonger ici notre séjour. Toute la contrée est remplie de soldats du parlement. Je ne sais même s'il est un seul coin dans les trois royaumes qui pût nous offrir une retraite assurée, dans la fermentation générale où sont les esprits. Il s'agit donc de délibérer sur les moyens de quitter l'Angleterre par la voie la moins périlleuse.

CHARLES.

Mon dessein est de m'embarquer pour la France dans le premier vaisseau. Windham, vous connaissez le pays, il vous est facile de favoriser ce projet.

WINDHAM.

Le sort paraît avoir tout disposé pour le faire réussir. Un messager, que j'avais envoyé chez ma sœur à Shoreham, m'a rapporté que demain, dès le point du jour, un vaisseau doit partir de ce port, et faire voile vers la Normandie. Le colonel Lane, attaché à vos intérêts, profite de cette occasion pour échapper aux poursuites de Cromwell.

DERBY.

Ce moyen me paraît assez favorable.

CHARLES.

Je suis prêt à le saisir, pourvu que nous puissions nous rendre au port sans danger.

WINDHAM.

C'est à quoi je me charge de pourvoir. J'ai des gens affidées pour vous accompagner.

DERBY.

Nos chevaux ont souffert sur la route. Nous en aurons besoin cette nuit. Milord voudra-t-il bien ordonner qu'on en prenne le plus grand soin?

WINDHAM.

Pope, allez les visiter, et veillez à tout ce qui leur sera nécessaire.

POPE.

Je vous obéis, milord.

SCÈNE VII.

CHARLES, DERBY, WINDHAM, LADI MARIE, LADI SOPHIE, ÉLISABETH, HENRI.

WINDHAM.

Il nous faut employer les précautions les plus délicates pour écarter jusqu'au moindre soupçon. Votre majesté ne doit pas ignorer que l'infâme parlement a promis une récompense à ceux qui oseraient porter les mains sur votre personne sacrée, et qu'il a menacé d'une punition rigoureuse ceux qui vous donneraient un asile. Je réponds de mes gens; ils sont au-dessus de la crainte et de la corruption;

mais nous sommes entourés d'une populace fanatique dont nous devons nous défier.

LADI MARIE.

Il ne s'agit que de vous tenir caché durant la journée. Vous partirez, à l'entrée de la nuit, pour gagner le port avant la naissance du jour.

CHARLES.

Ces mesures s'accordent à merveille avec mes besoins. Ce sera un vrai bienfait pour moi, ainsi que pour Derby, de nous laisser rétablir de nos fatigues dans un long sommeil. Nous pouvons, de cette manière, échapper à tous les regards.

LADI SOPHIE.

Votre majesté ne voudrait-elle pas d'abord réparer ses forces par quelque nourriture?

CHARLES.

Je vous avouerai, miladi, que le sommeil l'emporte sur la faim. Le repos est pour nous le plus pressant.

LADI SOPHIE.

Je vais donner mes ordres pour vous le procurer. Élisabeth, suivez-moi.

SCÈNE VIII.

CHARLES, DERBY, WINDHAM, LADI MARIE, HENRI.

WINDHAM.

Il me vient une idée. Ma sœur fait inviter sa mère à lui rendre une visite ce soir.....

LADI MARIE.

Mon fils, laissez-moi l'honneur d'avoir arrangé notre plan pour le salut du roi, comme j'aurai la gloire de l'exécuter. Je partirai dans l'ombre de la nuit; et nos hôtes sacrés, à la faveur des ténèbres, pourront venir sans périls à ma suite, sous quelque déguisement.

CHARLES.

Mon salut me deviendra plus cher, si c'est à vous que je le dois.

WINDHAM.

Dans l'intervalle, je vais envoyer un messager à ma sœur, pour qu'elle annonce au capitaine du vaisseau deux autres passagers, et qu'elle le retienne jusqu'à leur arrivée.

DERBY.

Fort bien, milord : pressez aussi, d'une manière obscure, le colonel Lane de s'occuper du soin de nos places.

WINDHAM.

Henri, courez dire à Jacques de se tenir prêt à partir dans un moment pour aller en toute diligence chez ma sœur.

HENRI.

Oui, mon père; je vais lui porter vos ordres..

LADI MARIE.

Permettez, sire, que j'aille aussi faire toutes les dispositions convenables pour notre départ.

SCÈNE IX.

CHARLES, DERBY, WINDHAM.

WINDHAM.

J'espère qu'avec ces précautions, votre majesté pourra se mettre à l'abri des premières fureurs de la tempête.

CHARLES.

J'en conçois un augure favorable. Mais nous voilà seuls, mes amis; asseyez-vous; et penez place à mes côtés. Donnons quelques instans à l'examen de ma situation. Supposé que j'arrive heureusement en France, quelles ressources me restent pour l'avenir? Le froid accueil que je reçus il y a deux ans à Paris ne permet pas d'attendre de grands secours de ce royaume.

DERBY.

La France est à peine revenue du trouble de ses guerres civiles. La politique lui défend de s'armer pour vos intérêts. Mais les descendans du brave Henri ne sauraient manquer d'être généreux. Les droits de l'hospitalité seront sacrés pour votre personne. C'est l'unique objet dont il faut vous occuper dans le moment.

WINDHAM.

Les plaies dont ce pays est déchiré ne peuvent être fermées que de la main des bons citoyens. Le temps seul sait y apporter du remède. Laissez-nous le soin d'en préparer l'effet, et d'en accélérer le succès.

CHARLES.

Je m'abandonne à votre zèle, mais je frémis des insultes et des persécutions que vous aurez peut-être à souffrir. En débarquant l'année dernière en Écosse, le premier spectacle qui s'offrit à mes regards fut la tête sanglante du généreux Montrose, dont le seul crime était son inviolable fidélité. Cette image affreuse me poursuit jusque dans mon sommeil : elle me tourmente plus que mes propres périls. Combien de sang précieux peut me coûter encore le rétablissement de ma fortune! Vous-même, dont je ne saurais trop récompenser l'attachement, qui sait si vous n'en serez pas les tristes victimes? Il manquait cette idée accablante à mes malheurs !

DERBY.

De pareils sentimens, de votre part, sire, suffiraient pour nous dédommager du sacrifice de nos vies. Le devoir de la noblesse est de soutenir les droits de votre couronne, et son honneur, de braver tous les périls auxquels ce grand dessein peut l'exposer.

WINDHAM.

Oui, sire ; il n'est rien que je n'ose attendre de nos efforts, si vous les secondez par votre constance. La situation violente où nous sommes ne peut durer long-temps. La plus saine partie de la nation soupire après le calme dont votre aïeul et votre père l'ont fait jouir. La populace, surchargée des impôts accumulés sur sa tête pour l'entretien d'une soldatesque meurtrière, se soulèvera bientôt contre des exactions devenues chaque jour plus tyranniques. La discorde est près d'éclater entre le parlement et l'armée. Cromwell, qui la fomente, démasquant tout-à-coup ses projets ambitieux, irritera contre lui jusqu'à ses partisans. Objet de l'exécration générale, il voudra la dompter par la violence et la terreur; mais un peuple, encore ébranlé d'une longue agitation, ne reçoit pas en silence le joug qu'on lui impose. La vie du tyran se passera dans le trouble. Épuisé de ses anciennes débauches, dévoré de crimes, et bourrelé de remords, il finira bientôt ses jours sans avoir affermi son usurpation, et ne laissera, pour la consommer, que deux fils, accablés du poids de leur fortune, et dépourvus de son audace et de son génie. C'est alors que la noblesse, libre enfin d'élever sa voix, et la soutenant de ses armes, fera reconnaître en vous à la nation un chef plus digne de la régir, après avoir mûri ses vertus à l'école de l'adversité.

CHARLES.

Sage Windham, avec quelle joie j'accepte cet augure!

WINDHAM.

Sire, comme fidèle sujet, j'ai cru devoir vous présenter ces espérances pour vous témoigner notre zèle et pour soutenir votre courage. Mais je croirais trahir mon attachement inviolable à notre constitution, si je ne vous présentais aussi ce que le peuple a droit d'attendre de vous. En détestant le crime atroce commis sur la personne de votre père, j'oserai dire, avec la noble liberté d'un Anglais, qu'il a violé souvent nos priviléges pour donner plus d'étendue à sa prérogative, et qu'un prince doit être le premier à respecter les lois de son pays.

CHARLES.

Les malheurs et les fautes de son règne seront une leçon frappante pour ma vie entière. Mais, Windham, vous savez si c'est à lui qu'il faut les attribuer. Son caractère ne respirait que la douceur et l'indulgence; ses derniers sentimens attestent son courage et sa magnanimité. Plaise au ciel que je lui ressemble dans ses vertus! Je ne connais aucun reproche dont on puisse charger sa mémoire, que d'avoir mis sa confiance en des personnes indignes de la posséder, et qui en ont abusé contre son peuple et contre lui-même. Le choix de vrais amis est si difficile dans la vie privée! Des sages ministres sont-ils plus faciles à distinguer pour un prince au milieu de tant de courtisans intéressés à le séduire par des qualités affectées? Plus il aime son peuple, et moins il peut soupçonner que de pareils sentimens soient étrangers à ceux qui l'entourrent. Le malheur de mon père, commun à tant de rois, fut d'avoir vécu long-temps dans la prospérité. J'aurai sur lui l'avantage de l'épreuve utile de l'infortune. Peut-être le ciel ne veut-il me donner qu'à ce prix l'instruction nécessaire pour gouverner avec sagesse. Je ne croirai pas l'avoir payé trop cher, si je la fais servir au bonheur de la nation, et si je puis faire oublier à l'Angleterre, dans un règne de justice et de paix, les troubles dont elle a été désolée. Je prendrai pour modèle ce Henri, dont le nom sera toujours si cher aux Français, et que nous sommes forcés de révérer nous-mêmes. Je vais, dans sa patrie, recueillir la mémoire de toutes ses vertus. Ferme comme lui dans l'adversité, j'imiterai sa clémence et sa modération en montant sur le trône. Voilà les engagemens que je prends avec mon peuple; et vous qui le représentez en ce moment à mes yeux, recevez le serment que je fais, de respecter et de défendre ses droits jusqu'à mon dernier jour.

WINDHAM.

Oui, sire; nous le recevons avec transport, ce vœu sacré : votre propre bonheur y tient autant que celui de la nation.

DERBY.

Et le mien sera de consacrer les derniers instans de ma vie à vous mettre en état de l'accomplir.

SCÈNE X.

CHARLES, DERBY, WINDHAM, LADI SOPHIE.

LADI SOPHIE.

Sire, tout est disposé pour vous faire jouir des douceurs du repos.

CHARLES.

Vous ne pouviez, miladi, m'annoncer en ce moment, une nouvelle plus agréable. Mon corps est tellement appesanti de lassitude et de sommeil, que je le sens succomber sous son poids. Mon cher Derby, j'ai besoin de votre secours. A peine ai-je la force de me soutenir. (*Ladi Sophie et Derby le soutiennent.*) Milord, j'espère qu'à mon lever vous trouverez mes esprits plus fermes et mes sens moins abattus.

WINDHAM.

Nos cœurs veilleront autour de votre majesté.

CHARLES.

Ainsi je vais reposer avec autant d'assurance que si j'avais une garde nombreuse à ma porte (*Ladi Sophie et Derby le conduisent hors du salon. Windham veut le suivre, lorsqu'il voit entrer Jacques et Pope.*)

SCÈNE XI.

WINDHAM, JACQUES, POPE.

JACQUES.

Milord, me voilà prêt à partir.

WINDHAM.

Jacques, écoute-moi. Je vais te charger d'une commission importante. Je ne te l'aurais pas confiée, si je ne savais que tu es un homme pleine d'honneur. Tu ne peux, de ta vie entière, acquérir autant de gloire que dans cette occasion. C'est l'épreuve la plus éclatante pour signaler ton intelligence et ta fidélité.

JACQUES.

Milord, en fidélité, je ne le cède à personne au

monde; et, pour l'intelligence, j'espère que vous n'aurez pas à vous repentir de votre choix.

WINDHAM.

Eh bien! prends mon propre cheval, et cours à toute bride chez ma sœur. Tu lui diras que ma mère ira la trouver cette nuit. Il faut qu'à l'instant de ton arrivée, elle fasse retenir deux places dans le vaisseau qui doit faire voile demain vers la Normandie. C'est pour deux personnes à qui toute notre famille est dévouée. Tu trouveras chez ma sœur le colonel Lane, conjure-le de ma part de vouloir bien se charger de ce soin, et de ne pas laisser lever l'ancre avant que mes deux passagers ne soient dans la vaisseau. C'est une grâce que je lui demande au nom de notre ancienne amitié. Je te donnerais une lettre pour lui, si je n'avais à craindre que tu ne fusses peut-être arrêté par les soldats du parlement, et que cette lettre ne découvrît notre projet.

JACQUES.

Milord, je parlerai tout aussi bien que votre écriture.

WINDHAM.

Si l'on te demande d'où tu viens, où tu vas, prends garde de ne pas montrer un air embarrassé, et forge d'avance ta réponse.

JACQUES.

Elle est prête. Votre sœur est malade; je vais de votre part savoir des nouvelles de son état. Je lui dirai même d'exagérer dans la maison sa maladie, comme je vais le faire ici dans le village, pour que sa mère ait un juste motif de partir dans la nuit pour se rendre auprès d'elle.

WINDHAM.

Très-bien ; mais ne t'arrête pas sur la route, pour arriver à temps.

JACQUES.

Milord, vous serez satisfait de ma conduite dans tous les points.

WINDHAM.

Afin que tu saches pourquoi je te parle d'une manière si pressante, apprends que c'est le salut du roi qui est l'objet de ta commission.

JACQUES, *baisant le pan de son habit.*

Je vous remercierai, jusqu'à mon dernier jour, de m'avoir jugé digne de l'exécuter.

WINDHAM.

Il n'y a que les âmes sensibles à l'honneur qui puissent connaître le prix de la confiance. Cours remplir ton message, et que le ciel veille sur ta course.

SCÈNE XII.

JACQUES, POPE.

(*Jacques est prêt à sortir, Pope l'arrête.*)

POPE.

Jacques, c'est le roi.

JACQUES, *d'un air joyeux.*

Est-ce que je ne l'ai pas entendu?

POPE, *d'un ton grave.*

C'est le roi, te dis-je.

JACQUES.

Eh bien !

POPE.

Je l'ai fait entrer avec sûreté dans le château, songe à l'en faire sortir avec autant de sûreté.

JACQUES.

Est-ce que je tai jamais cédé l'avantage dans aucune occasion ?

POPE.

Dans celle-ci je souhaite que tu me surpasses.

JACQUES.

Il ne tiendra pas à mon zèle.

POPE.

Songe à la gloire qui nous attend, lorsqu'on dira dans le monde entier : Pope et Jacques, au service du lord Windham, pouvaient disposer de la vie du roi, et ils l'ont sauvé. De simples domestiques ont pensé aussi noblement que leur maître.

JACQUES.

Camarade, je ne serai pas noirci dans l'histoire.

POPE, *l'embrassant.*

Nous y serons écrits tous les deux en lettres d'or.

FIN DU SECOND ACTE.

ACTE III.

SCÈNE PRÉMIÈRE.

POPE, THOMAS.

THOMAS.

Je viens de prêter l'oreille à la porte du roi. Il dort du plus profond sommeil. Tiens, camarade, depuis que je le sais en sûreté, mon cœur se trouve à l'aise comme si je sortais d'une longue prison. Il faut que nos prières soient montées jusqu'au ciel.

POPE.

Je crois bien que celles des honnêtes gens seront exaucées, plutôt que celles des hypocrites.

THOMAS.

Cependant je tremblerai toujours jusqu'à ce que le roi soit débarqué sur les terres de France. Si ces maudits rebelles allaient se saisir de sa personne! ils ne lui feraient pas plus de grâce qu'à son père.

POPE.

Mes cheveux se dressent sur ma tête à cette pensée. Que le ciel nous préserve d'un si grand malheur!

THOMAS.

Il me semble qu'il doit se déclarer pour notre parti. Nous voulons le bien, nous autres, tout simplement et avec religion, au lieu que ces sectes nouvelles outragent le Seigneur par leur orgueil. L'année dernière, avant la bataille de Dumbar, l'armée écossaise ne se regardait-elle pas comme une armée de saints? N'entendait-on pas ses ministres dire tout haut à Dieu, que, s'il ne les sauvait pas de leurs ennemis, ils ne le reconnaîtraient plus pour leur maître? Les insensés! comme s'il était en leur pouvoir de s'en faire une autre?

POPE.

Cet orgueil les perdit. Je n'en fus pas fâché. Ils ne servaient pas sincèrement le parti du prince. Il s'était jeté dans leurs bras; et ils le traitaient comme un prisonnier. Ils l'avaient éloigné de l'armée, parce qu'ils le voyaient gagner l'affection du soldat par sa valeur. Ils avaient aussi renvoyé quatre mille braves gens, qu'ils croyaient trop attachés à ses intérêts. Ils voulaient pour eux seuls la gloire de soumettre Cromwell. Ils l'avaient réduit à l'extrémité. C'en était fait de lui, s'ils avaient continué de rester sur les hauteurs, comme le voulait leur général. Mais leurs fougueux ministres dirent qu'ils avaient lutté avec le Seigneur dans leurs prières; qu'ils l'avaient forcé de leur accorder la victoire, et de livrer l'ennemi entre leurs mains. Ils descendirent comme des forcenés dans la plaine, et furent battus. Ils le méritaient bien pour leur aveuglement. Ils parlaient d'un entretien avec le Seigneur, comme d'une conversation familière avec son ami. S'ils avaient été victorieux, ils n'auraient peut-être pas traité le roi mieux que n'aurait fait Cromwel lui-même.

THOMAS.

J'aime encore mieux le savoir dans notre château que dans leur camp.

SCÈNE II.

WINDHAM, POPE, THOMAS.

WINDHAM.

Thomas, monte à cheval, traverse la forêt, et va te poster sur la colline. Prends bien garde que les soldats du parlement n'approchent d'ici sans que j'en sois prévenu. Aussitôt que tu en verras venir quelqu'un de ce côté, descends, et viens à toute bride m'en porter la nouvelle.

THOMAS.

Il suffit, milord; je vous remercie de vouloir bien m'employer.

SCÈNE III.

WINDHAM, POPE.

WINDHAM.

Thomas est un honnête garçon. On voit sur sa physionomie la joie qu'il ressent de la sûreté du roi.

POPE.

Ma physionomie est bien trompeuse si vous n'y lisez pas les mêmes sentimens.

WINDHAM.

Oh! je ne suis pas inquiet sur ton compte. Tu es le premier qui as donné l'exemple de la fidélité. Mais qu'est-ce donc? tu as l'air rêveur.

POPE.

C'est qu'il me revient tout à coup un souvenir, milord. Le maréchal, à qui j'ai donné le cheval du roi à ferrer, l'a regardé très-attentivement. S'il avait quelques soupçons, et qu'il vînt à répandre l'alarme.

WINDHAM.

Pourquoi nous former de vaines terreurs? On ne devine pas, à l'aspect d'un cheval, quel est son maître. Cependant il ne faut rien négliger. Va faire sentinelle devant la porte du château, et tiens l'œil ouvert sur tout ce qui pourrait se passer au dehors.

POPE.

Faudra-t-il nier que nous ayons ici des étrangers?

WINDHAM.

Non, sans doute, puisqu'on les a vus descendre au château. Ce serait exciter la défiance que d'en disconvenir. Il faut seulement nous accorder tous à dire qu'ils viennent de Dorcester.

POPE.

Il est triste d'avoir besoin du mensonge pour éviter le mal et remplir son devoir. (*Il sort.*)

SCÈNE IV.

WINDHAM seul.

Avec des cœurs si fidèles, on peut, je crois, défier l'inquisition la plus active. Quel bonheur pour moi, dans cette circonstance, d'avoir toujours su m'entourer d'honnêtes gens ! Moins délicat sur le choix de mes serviteurs, j'aurais perdu la gloire de sauver les jours de mon souverain. La seule pensée d'être utile à sa conservation m'élève au-dessus de moi-même. Rebelles audacieux, bouleversez notre antique constitution, renversez les lois et l'honneur, nourrissez-vous du sang de vos concitoyens, cette ombre vaine de liberté que vous poursuivez vous entraîne par la licence à l'esclavage. Vous serez bientôt réduit à rappeler de tous vos vœux sur le trône celui que vous proscrivez maintenant avec tant de furie ; la nation entière bénira ceux qui l'auront défendu de votre aveugle fureur. Cette bénédiction se répandra sur moi et sur ma postérité la plus reculée. Le sang précieux que vous avez versé troublera votre conscience ; et moi, au déclin de mes jours, j'envisagerai l'avenir d'un œil tranquille et satisfait. J'aurai rempli mes devoirs envers mon Dieu, mon roi, ma patrie et mes enfans.

SCÈNE V.

WINDHAM, LADY SOPHIE.

WINDHAM.

Eh bien! chère épouse, n'est-ce pas une faveur signalée du ciel qu'il nous ait remis le soin de la destinée du roi?

LADI SOPHIE.

Ah! mon ami, si nous pouvions l'amener en triomphe à Londres!

WINDHAM.

Ce vœu, digne de la grandeur de ton âme, surpasse notre faible pouvoir. C'est assez pour nous de faire parvenir Charles sans péril en France, jusqu'à ce que la rage d'un peuple frénétique soit apaisée. Il faut que ce peuple sente de lui-même le joug oppressif qu'il vient de s'imposer. Il n'est rien de solide qu'on puisse attendre de ses sentimens avant qu'il ait subi cette épreuve.

LADI SOPHIE.

S'il en est ainsi, nos espérances sont bien éloignées. Dans l'anarchie universelle l'orgueil en fait supporter les maux, parce que chacun s'imagine participer à la domination.

WINDHAM.

Il est vrai; mais on voit bientôt l'orgueil céder avec bassesse à l'intérêt. Les Anglais se plaignaient, sous le dernier roi, des vexations de la chambre étoilée et de la taxe sur les vaisseaux. Ces taxes sont infiniment plus considérables aujourd'hui sous l'administration arbitraire du parlement. On a consommé des sommes immenses à lever des troupes dont la paie est énorme. Il faudra long-temps entretenir sur pied ces armées, pour se rendre formidable aux bons citoyens comme aux ennemis étrangers. C'est la nation qui supporte ce surcroît de dépenses, en même temps que ses manufactures languissent, et que son commerce est troublé. Les mécontentemens vont éclater à la fois de toutes parts. Ceux que la fortune a laissés dans leur bassesse, jaloux de voir des gens de leur classe élevés au-dessus d'eux, aimeront mieux rétablir le pouvoir entre les mains de ceux à qui leur rang et leur naissance l'attribuent plus naturellement. On verra que le parlement et Cromwell n'ont renversé l'autorité royale, que pour la partager d'abord entre eux, et bientôt se la disputer l'un à l'autre. La violence ouverte et les persécutions secrètes seront employées pour réprimer les murmures. Alors le peuple entier sentira que la tyrannie ne s'est jamais élevée à des excès plus révoltans d'audace et d'oppression, que lorsqu'on l'abusait du vain espoir de la liberté.

SCÈNE VI.

WINDHAM, LADI MARIE, LADI SOPHIE.

LADI MARIE.

Mon fils, vous me voyez agitée d'une inquiétude mortelle. Une foule de paysans et d'étrangers est attroupée devant le château. Je tremble que l'on ait découvert la retraite du roi.

WINDHAM.

Rassurez-vous, ma mère. Vous savez que dans ces jours de trouble le peuple abandonne son travail, et se rassemble sur les chemins pour s'entretenir des nouvelles publiques. Le bruit le plus confus suffit pour l'agiter. A-t-on recueilli quelque chose de leurs discours?

LADI MARIE.

Rien de fâcheux encore. Ils se contentent de regarder stupidement les murailles; mais ils branlent la tête d'un air mystérieux, comme s'ils soupçonnaient ici quelque événement extraordinaire.

WINDHAM.

Prévenus du moindre soupçon, ils auraient déjà franchi l'entrée. Cette populace aveugle est livrée à toutes sortes de caprices. Il lui plaît aujourd'hui de s'assembler en cet endroit plutôt que dans un autre.

LADI SOPHIE.

Mais, cher époux, ne peut-on pas nous avoir trahis?

WINDHAM.

La trahison ne pourrait venir que de nos gens, et c'est leur faire injure que de les suspecter. Ils sont tous aussi dévoués à leur prince que nous-mêmes.

LADI MARIE.

Ah! mon fils, si nous étions assez malheureux pour avoir rendu cet asile plus funeste à la vie du roi que les périls même de sa fuite! ce serait le dernier coup que la douleur porterait à ma vieillesse.

WINDHAM.

Non, ma mère, épargnez-vous ces vaines terreurs. Encore quelques heures, et le roi est sauvé. Il faut qu'à l'entrée de la nuit vous vous mettiez en route avec lui. On sait, depuis quelques jours, que la santé de ma sœur est dérangée. J'ai fait répandre aujourd'hui le bruit qu'elle demandait instamment à vous voir. Votre visite est assez naturelle pour n'inspirer aucun soupçon; et j'espère que, sous la garde du ciel, vous arriverez en sûreté à Shoreham.

SCÈNE VII.

CHARLES, DERBY, WINDHAM, LADI MARIE, LADI SOPHIE, HENRI.

CHARLES.

Milord, je viens de reprendre mes forces. Grâces à vos soins, je n'ai jamais si bien goûté les douceurs du repos. A mon réveil, j'ai trouvé votre fils en sentinelle à ma porte; je le remercie de son attention. (*Il lui donne sa main à baiser.*) Nous sommes à peu près du même âge; je n'oublierai de ma vie cette garde officieuse. C'est en votre fils, Windham que je récompenserai l'hospitalité que vous m'avez donnée, si je n'étais pas assez heureux pour vous trouver plein de vie à mon retour.

WINDHAM.

Mon fils n'a fait que remplir ses devoirs envers votre majesté.

CHARLES.

Un devoir dans la situation où je suis a tout le mérite d'un service; et c'est avec ces couleurs que je me plais à l'envisager.

HENRI.

Ah! sire, je suis si fier d'avoir commencé près de votre personne sacrée le premier apprentissage de mon état!

LADI SOPHIE, *voyant Pope qui s'avance avec une serviette sur l'épaule.*

L'ardeur de vous témoigner nos sentimens nous fait oublier que vous devez avoir un pressent besoin à satisfaire. Votre majesté veut-elle être servie?

CHARLES.

Miladi, vous prévenez toujours ma demande.

POPE.

Nous voici tous prêts à l'exécuter. (*On apporte une table avec deux couverts. Henri veut les arranger.*)

POPE, *le retenant par le bras.*

Mon jeune maître, pardonnez; mais chacun son

service. Je ne vous céderais pas aujourd'hui le mien pour toute votre fortune.

ÉLISABETH, *courant se saisir d'un flacon de vin et d'une coupe.*

Sire, mon frère a eu l'honneur d'être votre capitaine des gardes, permettez-moi d'être votre échanson.

CHARLES, *avec un sourire.*

Vous voulez donc me traiter comme Jupiter dans l'Olympe.

WINDHAM.

Sire, tous nos désirs, en ce moment, seraient de vous former une cour moins indigne de vous.

CHARLES.

Le sort, au comble de ses faveurs, ne pourra jamais m'en offrir une sur laquelle mes yeux se reposent avec une plus vive satisfaction. Au milieu de la pompe du trône, les hommages que je reçois sont le fruit de l'ambition ou de l'intérêt; ici, pauvre et abandonné, je ne les dois qu'aux sentimens personnels que j'inspire. (*Il les regarde tour à tour avec des yeux baignés de larmes, et s'efforçant tout à coup de les cacher.*) Allons, mon cher Derby, savourons bien les douceurs du seul instant de calme que nous ayons pu goûter depuis trois jours. (*Ils vont se mettre à table. Thomas entre brusquement et d'un air effaré.*)

SCÈNE VIII.

CHARLES, DERBY, WINDHAM, LADI MARIE, LADI SOPHIE, HENRI, ÉLISABETH, POPE, THOMAS.

THOMAS.

Alarme! alarme! le capitaine Luke, avec deux soldats. Ils viennent tout droit au château. A peine ai-je pu les devancer. Ils sont sur mes pas.

LADI MARIE et LADI SOPHIE.

Ciel!

ÉLISABETH.

Nous sommes perdus. Dieu puissant, daigne nous secourir!

HENRI.

Ils ne sont que trois hommes. Nous pouvons leur tenir tête.

DERBY, *avec feu.*

Windham, sauvez d'abord le roi; qu'il s'éloigne. Nous soutiendrons ici la première attaque pour favoriser sa retraite.

WINDHAM.

Non, Derby, ne quittez pas un moment sa personne. Henri, conduisez-les par cette porte secrète.

HENRI.

Oui, sire, daignez vous confier à moi; tant qu'il me restera une goutte de sang, il ne vous enlèveront pas de mes mains.

WINDHAM.

Élisabeth, suivez-les aussi avec votre mère. (*Ils sortent par une porte dérobée.*)

SCÈNE IX.

WINDHAM, LADI MARIE, POPE, THOMAS.

WINDHAM.

Ma mère, je vous en conjure, gardez de vous trahir par quelques signes de trouble et d'agitation. Peut-être est-ce le hasard seul qui les amène ici. Mettons-nous à table pour prévenir leur curiosité sur la destination de ces deux couverts. Je les entends dans la cour. Thomas, courez à leur rencontre pour les amener directement devant moi.

THOMAS.

Il suffit, milord.

SCÈNE X.

WINDHAM, LADI MARIE, POPE.

WINDHAM.

Et vous, Pope, vous veillerez à ce que personne ne sorte du château, afin que toute nos forces puissent se rassembler au besoin. Ayez soin de tenir deux chevaux prêts à la petite porte du parc.

POPE.

Je vais remplir vos ordres.

WINDHAM.

Non, attendez. Restez un moment avec nous. Je vous avertirai d'un signe lorsqu'il en sera temps.

SCÈNE XI.

WINDHAM, LADI MARIE, POPE, THOMAS, le capitaine **LUKE, PEMBEL, TALGOL.**

Le capitaine LUKE.

Que le ciel vous éclaire, profanes ! Le soir nous a surpris en route. Nous venons prendre ici notre logement pour la nuit, moi et ces deux braves soldats qui soutiennent la bonne cause.

WINDHAM.

Tous les appartemens du château sont occupés par ma famille. Le place me manque pour vous recevoir.

LUKE.

Au nom du parlement, il faut pourtant nous loger.

WINDHAM.

Vous êtes gens de guerre, endurcis à la fatigue. Si vous vous accommodez d'un réduit étroit, je vais vous y faire conduire.

LUKE.

Nous sommes gens de guerre, et notre épée nous fera trouver la place qui nous convient. Pour qui cette table est-elle dressée ?

LADI MARIE.

Pour mon fils et pour moi. Nous étions absens à l'heure du dîner.

LUKE.

Et nous aussi, parbleu. Ainsi même fortune. Faites apporter trois couverts de plus. Nous mangerons ensemble.

WINDHAM.

Prenez cette table pour vous. De peur de vous troubler, nous irons manger ailleurs.

LUKE.

A la bonne heure. Nous sommes les maîtres ici; point de gêne pour les étrangers. (*A Thomas.*) Un couvert encore et qu'on nous serve.

LADI MARIE, *à Thomas qui paraît embarrassé.*

Faites ce qu'on vous ordonne.

WINDHAM, *à Pope.*

Restez pour les servir, et vous viendrez ensuite me trouver. (*Il sort avec ladi Marie.*)

SCÈNE XII.

LUKE, PEMBEL, TALGOL, POPE.

LUKE.

Allons, allons, à table, enfans du ciel.

PEMBEL.

Gobergeons-nous pour la santé de la bonne cause. (*Thomas porte un troisième couvert.*)

TALGOL, *le prenant dans ses mains.*

Donne, que je sois aussi de la partie. (*Ils se mettent à table et commencent à manger avec une extrême voracité.*)

LUKE, *à Pope la bouche pleine.*

Eh bien ! garçon, quelles nouvelles ?

POPE.

Vous devez les savoir mieux que moi. Il court tant de bruits ! il n'y a que le diable qui sache le fond des choses ! Est-il vrai que le roi soit arrêté ? (*Il le regarde fixement en face.*)

LUKE.

Il ne l'est pas, puisque je n'ai pas su le prendre. Il y a trois jours et trois nuits que je bats la contrée ; il ne me serait pas échappé. Il faut qu'il soit resté mort sur le champ de bataille.

POPE.

Que me dites-vous ?

LUKE.

Ce que je dis ? Du vin. (*A Thomas, en lui jetant un plat vide.*) Va donc nous chercher autre chose. (*Thomas sort.*)

POPE, *à part, leur apportant des bouteilles.*

Dieu soit loué ! ils ne savent pas qu'il est ici.

PEMBEL.

Cette nouvelle vous confond, coquins ?

LUKE.

Allez faire sonner vos cloches de deuil. Mais je vous conseille de le faire si doucement, que le parlement ne puisse les entendre, ou bien, je les ferai sonner pour vous-mêmes.

PEMBEL.

Ce qui doit vous consoler, c'est que votre roi ne sera pas seul dans l'autre monde. Il y retrouvera la moitié de son armée. Nous avons dépêché à sa suite ses plus fidèles sujets.

LUKE.

Cette canaille, qui s'avisait de me demander quartier, à moi! De mon sable je leur coupais ce mot en deux dans le gosier.

THOMAS, *portant un autre plat.*

Voici tout ce qu'il y a de prêt pour l'heure.

LUKE.

C'en est assez. Du vin, seulement. M'entendez-vous?

PEMBEL, *à Pope.*

Que fais-tu là à branler la tête? il semble que tu nous souhaites du mal.

LUKE.

Mettez-nous six bouteilles sur la table, et allez-vous-en jusqu'à ce qu'on vous appelle. (*On leur apporte le vin.*)

POPE, *en sortant, à part.*

Voilà des drôles qui font honneur au parlement.

SCÈNE XIII.

LUKE, PEMBEL, TALGOL.

PEMBEL, *à Talgol.*

Qu'en dis-tu, camarade? n'es-tu pas bien aise à présent de te trouver illuminé?

LUKE.

Vois s'il manque quelque chose aux enfans du

Seigneur. Tout ce qui se trouve sur la terre nous appartient de bonne prise.

TALGOL.

Je ne croyais pas qu'il fût permis à des élus de prendre leur repas dans la maison des profanes.

LUKE.

C'est que tu ne sais pas encore interpréter nos principes. Ils nous ordonnent de nous faire tout le bien que nous pouvons, aux dépens des enfans des ténèbres. Or, rien assurément ne remplit mieux cet objet que de leur couper les vivres à la bouche et de les gober à leur place.

TALGOL.

Voilà qui me paraît fort bien expliqué.

LUKE.

Quand pourras-tu connaître les avantages infinis que le Seigneur accorde à ses élus? Tous les engagemens que nous prenons avec les profanes, même quand ils seraient appuyés d'un serment, sont nuls de plein droit dès qu'ils tournent à notre préjudice. Aussi, vois quelle fut notre conduite devant le château de Pendennis! Ne reçûmes-nous pas l'ordre exprès de Dieu de passer les assiégés au fil de l'épée, malgré les articles de la capitulation?

PEMBEL.

Il ne s'agit que de bien entendre le point fondamental de notre doctrine. C'est que nous sommes amis du ciel, et que tout doit être en notre faveur contre ses ennemis; que ce serait l'outrager que de refuser les dons qu'il nous accorde; et que toutes nos actions sont légitimes et saintes, puisque nous n'agissons que par le secours de sa grâce. N'est-ce pas lui qui inspirait aux femmes même un zèle tout divin pour la bonne cause? N'a-t-on pas vu les plus distinguées se défaire, avec transport, de leurs joyaux les plus précieux, et jusqu'aux simples domestiques nous apporter le prix de leurs gages, pour lever des troupes à la gloire du ciel, et forcer l'Angleterre entière de marcher dans les voies du salut? N'entendons-nous pas tous les jours le Seigneur nous déclarer sa volonté sacrée dans nos révélations.

TALGOL.

Cependant les Écossais en avaient eu, disaient-ils, à Dumbar, qui leur prophétisaient que, s'il descendaient de leurs montagnes, ils battraient Cromwell.

PEMBEL.

Il est vrai; mais Cromwell eut aussi les siennes, qui lui prophétisaient qu'il battrait les Écossais s'ils descendaient de leurs montagnes. Les prières des deux étaient un appel au jugement de Dieu, qui déclara par la victoire, celui qu'il jugeait digne de prospérer, comme il vient de le témoigner encore par de nouvelles bénédictions.

LUKE.

Allons, c'en est assez. Buvons, mes amis. (*Ils boivent.*)

PEMBEL.

Mon capitaine, irons-nous voir maintenant si l'on a traité nos chevaux comme il convient?

LUKE.

Oui, mon enfant; et nous irons ensuite visiter tous les coins du château pour voir s'il n'est rien qui puisse y convenir aux favoris du Seigneur.

FIN DU TROISIÈME ACTE.

ACTE IV.

SCÈNE PREMIÈRE.

POPE et THOMAS, entrant ensemble, et s'empressant de desservir la table.

THOMAS.

Il semble que ces coquins soient venus tout exprès pour manger le dîner du roi.

POPE.

Sois tranquille, le roi en a eu sa part. Je lui avais mis en réserve ce qu'il y avait de meilleur.

THOMAS.

Oui ; mais, tandis qu'ils étaient ici tranquillement à se goberger, il n'a pu faire son repas qu'au milieu du trouble et des inquiétudes.

POPE.

Moi, qui me faisais tant d'honneur de pouvoir servir à table sa majesté, me voir forcé de servir au contraire ses plus grands ennemis.

THOMAS.

Il m'est venu cent fois dans la pensée de leur donner de ma bouteille sur la tête quand ils me demandaient à boire.

POPE.

Et moi, je les ai suivis lorsqu'ils ont fureté dans tout le château pour butiner. Je te l'avoue, s'ils étaient parvenus jusqu'à la chambre secrète du roi, j'avais mes pistolets, je leur faisais sauter la cervelle.

THOMAS.

Il est heureux pour nous qu'ils soient si persuadés de sa mort. Mais de quel ton ils en parlaient ! Je n'ai jamais vu d'insolence pareille.

POPE.

Le capitaine en était encore plus pourvu que les autres.

THOMAS.

C'est qu'il se souvient de son premier état. Croirais-tu que je l'ai vu autrefois garçon boucher à Bristol ?

POPE.

Je ne m'étonne plus qu'il ait un air si tranchant.

THOMAS.

Et monsieur Pembel, son ami, ce garçon tailleur, l'orateur de son quartier, qui s'est fait soldat théologien de Cromwell ! Je parierais qu'il a perverti plus de monde par sa maudite langue qu'il n'en a tué de son épée.

POPE.

Connais-tu le troisième ?

THOMAS.

Non ; mais, à sa mine enfumée, je le croirais un de ces misérables chaudronniers qui courent les campagnes. On l'aura recruté sur les grands chemins.

POPE.

Il faut convenir que voilà une espèce de héros bien choisie.

SCÈNE II.

LADI MARIE, WINDHAM, POPE, THOMAS.

WINDHAM.

Eh bien, Pope! les soldats, où sont-ils?

POPE.

Je les crois tous appesantis déjà de sommeil. Je leur ai porté dans leur chambre quatre bouteilles de vin, qu'ils ont vidées en se mettant au lit. Je vous garantis que miladi peut être arrivée à Shoreham avant qu'ils ne se réveillent.

WINDHAM.

Il faut profiter de ce moment précieux. Que tout se dispose dans le plus grand silence pour le départ de ma mère.

LADI MARIE.

Thomas, va donner un coup d'œil à mes équipages, et presser les préparatifs. Henri fais prendre au roi le déguisement nécessaire pour venir à ma suite. Quand tu seras prêt, tu viendras nous avertir.

THOMAS.

Je cours remplir vos ordres.

SCÈNE III.

LADI MARIE, WINDHAM, POPE.

POPE.
Milord, accompagnerais-je le roi ?

WINDHAM.
Non. Je veux que mon fils soit du voyage; et moins sa suite sera nombreuse, moins elle fera naître de soupçons.

POPE.
Mais, s'il arrivait par malheur qu'on eût besoin de le défendre, pouvez-vous armer trop de bras pour son secours? Il me semble que je pourrais aller un peu en avant à la découverte sur la route, sans paraître appartenir à la voiture de miladi.

WINDHAM.
Je chargerai Thomas de ce soin.

POPE, *tristement.*
Thomas, milord? est-ce que vous doutez de mon courage ou de ma fidélité?

WINDHAM.
Non, mon ami; je crois l'un et l'autre à toute épreuve; mais j'ai besoin ici de ta prudence pour en imposer aux soldats dans la maison, et aux paysans dans le village, en cas d'un événement imprévu.

LADI MARIE.
Sois persudé que, s'il était question de quelque

manœuvre importante, c'est toi que l'on choisirait le premier; je t'en donne ma parole.

POPE.

Ce témoignage me console un peu; cependant, il faut que je le dise, j'aurais mieux aimé suivre le roi, le sauver, ou mourir pour lui.

WINDHAM.

Je te reconnais à ces sentimens. Mais le temps nous presse. Va voir si sa majesté est prête, et dis à mon fils qu'il peut l'amener ici en sûreté.

POPE, *en sortant.*

Oui, milord.

SCÈNE IV.

LADI MARIE, WINDHAM.

LADI MARIE.

Je suis enchantée de la conduite de Henri près du roi. Ses hommages sont empressés, sans avoir rien de servile. Ses discours ont un caractère mêlé de respect, d'affection et de générosité. Il console, il anime le prince, il lui jure de le servir aux dépens de ses jours. On découvre déjà dans sa jeunesse le sens et la fermeté de l'expérience.

WINDHAM.

Mon fils vous sera redevable de ses vertus. C'est en nous frappant sans cesse de l'exemple des grandes qualités de mon père que vous en faites naître l'émulation dans le cœur de vos enfans.

LADI MARIE.

Voici des temps orageux où se présentera souvent l'occasion de les excercer. J'aime à croire que, dans une grande épreuve, votre fils ne serait pas indigne de son nom.

WINDHAM.

O ma mère, que vous me rendez fier par cette espérance ! C'est peu de vous devoir la vie, je vous dois l'honneur de tous ceux en qui je respire.

SCÈNE V.

CHARLES, DERBY, LADI MARIE, WINDHAM, HENRI.

CHARLES.

Windham, reconnaissez-vous ces habits? (*Il écarte le manteau qui l'enveloppe, et laisse voir l'habit de livrée dont il est revêtu.*)

WINDHAM.

O mon prince ! quelle douleur de vous voir réduit à cette affreuse nécessité !

LADI MARIE, *les yeux baissés.*

Je n'ose porter sur vous mes regards, je crains qu'ils ne vous offensent.

CHARLES, *avec dignité.*

Non, miladi, rassurez-vous; ils ne me verront point rougir. Ce n'est pas d'aujourd'hui que le sort me condamne à d'étranges métamorphoses. Contraint, il y a peu de jours, de manier la cognée dans la profondeur des forêts, pourquoi m'étonnerais-je de ce nouveau travestissement ? Ce n'est qu'un trait de plus de l'inconstance de la fortune. Plus elle m'accable de ses caprices, plus je mets d'orgueil à les mépriser. C'est de l'abaissement où elle me plonge que je veux m'élever au-dessus d'elle et de moi-même... Un roi, sous ces habits, reçoit une grande leçon de la destinée, pour la donner au reste des souverains.

DERBY, *se détournant et levant les yeux vers le ciel.*
Ah! sire.

CHARLES.
Derby, tu ne vois que de l'abjection dans ce vêtement ; moi, je sais m'en faire une parure triomphale. Le bandeau royal sur mon front n'en imposerait pas à l'audace de mes ennemis ; et, sous la livrée de la servitude, j'ai la gloire de régner encore sur des cœurs fidèles. (*Derby et tous les autres se jettent aux pieds du roi.*)

WINDHAM.
Vous les voyez tous dévoués à s'immoler pour vous.

CHARLES, *avec transport.*
Voilà les hommages qui m'élèvent bien plus haut que les trônes de la terre. Mais relevez-vous, mes amis : ce n'est pas à mes genoux, c'est à mes côtés que vous devez trouver votre place. Milord, j'ai vu régner dans votre maison des vertus qui ne suivent pas toujours le diadème et qui en effacent l'éclat. Si l'amour de mon peuple et les lois de l'honneur ne

me faisaient un devoir de maintenir ma couronne, c'est dans la paix de cette retraite et dans la jouissance de votre amitié que j'aspirerais à vivre.

LADI MARIE.

Par pitié, sire, cachez-nous de pareils sentimens ; ils mêleraient trop d'amertume à nos regrets.

WINDHAM.

Hélas! telle est notre situation. Quoique votre aspect me pénètre de la joie la plus vive, je me trouve réduit à désirer de vous voir manquer bientôt à nos regards.

CHARLES.

Milord, ma présence a produit le désordre et le trouble dans votre maison ; mais je jure de ne jamais oublier ni le danger où je vous expose, ni votre fermeté généreuse à le braver.

WINDHAM.

Ah! sire, dans le sentiment profond qui nous anime pour l'intérêt de la patrie, tout ce qui nous est personnel est d'une bien faible considération. Ce n'est ni ma sûreté ni celle de ma famille qui fait naître mes inquiétudes ; c'est la vôtre dont je suis occupé tout entier. La fortune nous a mis hors d'état de pouvoir nous rendre utiles à notre pays. Mais vous, sire, vous pouvez encore faire son bonheur.

CHARLES.

En travaillant à ce grand ouvrage, je me rappellerai sans cesse que vous m'en avez fourni les moyens. Parvenu à l'accomplir, je ne vous en laisserai pas demander le prix à l'état, c'est moi qui me chargerai d'acquitter sa reconnaissance.

WINDHAM.

Que je voie mon pays heureux, et je serai assez récompensé! Mais, hélas! mes forces épuisées par de longs services ne me permettent guère cet espoir. Je le laisse du moins à mon fils dans l'héritage de mes sentimens. Permettez-moi, sire, de vous le recommander, ce seul fils qui me reste, à votre souvenir. Je ne vous demande pour lui que de l'employer utilement au service de sa patrie. J'ose vous répondre qu'il ne fera tort ni à votre choix, ni à l'honneur de ses ancêtres.

CHARLES.

Milord, je vous en donne pour gage ma parole. Et, si j'étais assez malheureux pour l'oublier (*il prend Henri par la main*), digne fils de mon bienfaiteur, venez vous placer devant mon trône, et dites-moi en face : Je suis Windham, mon cœur me dira ce que j'aurai à faire.

SCÈNE VI.

CHARLES, DERBY, LADI MARIE, WINDHAM, ÉLISABETH, HENRI, POPE, THOMAS.

POPE et THOMAS, *en entrant.*

Milord, tout est prêt pour le départ de sa majesté.

DERBY.

Il n'y a pas un instant à perdre.

LADI MARIE, *en levant les bras vers le ciel.*

Dieu, protecteur des rois, daigne nous prendre sous ta garde ! (*Windham paraît enseveli dans une profonde rêverie.*)

CHARLES, *allant vers lui.*

Windham, vous ne me dites rien ?

WINDHAM.

Sire, je voudrais vous dérober les agitations qui troublent mon cœur en ce moment.

CHARLES.

Et moi, je voudrais pouvoir vous exprimer tout ce qui se passe dans le mien. Je suis entré dans votre maison en fugitif; vous m'y avez traité en roi; j'en sors votre ami. (*Windham veut se précipiter à ses pieds. Charles le retient, et lui tendant les bras:*) Que faites-vous ? Je ne veux recevoir que vos embrassemens. (*Il l'embrasse avec transport.*) Mon ami, le destin ne sera pas assez cruel pour me ravir le bonheur de vous revoir. J'emporte avec moi cette espérance. (*Windham, sans pouvoir lui répondre, saisit sa main, la couvre de baisers et l'arrose de ses larmes. Charles le regarde avec attendrissement. Pope, dans cet intervalle, s'avance pour baiser le bas de son manteau. Charles l'aperçoit, lui donne sa main à baiser, et lui dit:*) Je vous dois le salut de ma vie : de pareils services ne se paient que par l'honneur, et je ne vous en offre pas d'autre récompense. Mais veillez avec soin sur les jours de vos maîtres, c'est un bienfait que je saurai payer, à mon retour, de la plus brillante fortune. (*Il s'avance vers ladi Marie, et, lui présentant la main:*) Mi-

Tome 2. L'AMI DES ADOLESCENS. Page 307.

Je suis entré dans votre maison en fugitif; vous m'avez traité en roi; j'en sors votre ami.

ladi, je suis à vos ordres. (*Henri s'élance au cou de son père.*)

WINDHAM, *avec feu.*

Mon fils, je vous confie la personne sacrée de votre roi. Vous me répondez de sa sûreté. Sachez, s'il le faut, mourir pour le défendre.

HENRI, *vivement.*

J'engage devant vous et devant le ciel ma vie à le sauver.

SCÈNE VII.

LADI MARIE, LADI SOPHIE, CHARLES, DERBY, WINDHAM, ÉLISABETH, HENRI, POPE, THOMAS.

LADI SOPHIE, *entrant d'un air consterné suivie d'Élisabeth.*

Ah! sire, arrêtez! Ma mère, vous le conduisez à la mort.

LADI MARIE.

D'où vient l'égarement où je vous vois, ma fille?

LADI SOPHIE.

Tout est perdu.

CHARLES.

Comment! daignez vous expliquer, miladi.

LADI SOPHIE.

Aurai-je la force de vous le dire?

WINDHAM.

Tâchez de recueillir vos sens, chère épouse. Au nom du ciel, tirez-nous du trouble où vous nous jetez.

LADI SOPHIE, *d'une voix entrecoupée.*

Le maréchal qui a ferré le cheval du roi s'est glissé furtivement dans le château..... Il est monté à la chambre des soldats..... Il les a réveillés..... il leur a dit que le roi était dans la maison..... Je l'ai vu sortir pour aller ameuter les paysans, tandis que les soldats s'habillent pour venir se saisir ici de sa majesté.

CHARLES, *avec fermeté.*

Il faut céder à la destinée. Mais elle ne disposera de moi qu'après la perte tout mon sang.

DERBY.

Ah! si je puis sauver vos jours aux dépens des miens! Qu'avons-nous à craindre, lorsqu'il nous reste encore notre épée?

WINDHAM.

Non, brave guerrier, la résistance serait inutile. Tout le village est peut-être déjà sous les armes. Sire, daignez ne pas vous abandonner encore aux mouvemens d'un aveugle désespoir. Je vous en conjure, mon cher Derby, ramenez le roi dans son appartement secret, et ne vous éloignez pas un instant de sa personne. S'il faut en venir à force ouverte, j'irai me joindre à vous avec mon fils, et nous combattrons tous ensemble jusqu'au dernier soupir. (*Il les conduit vers un escalier dérobée.*) Thomas, courez faire lever le pont-levis du château pour empêcher la populace d'y pénétrer. (*Thomas sort.*) Et vous, mon fils, je crains la bouillante audace de votre jeunesse;

retirez-vous avec Pope dans la chambre voisine. Je vous défends d'en sortir sans mes ordres.

>HENRI, *avec chaleur.*

Quoi! mon père!

>WINDHAM.

J'entends venir les soldats (*Henri s'élance pour voler à leur rencontre. Windham, le retenant lui lance un regard sévère, et lui dit du ton le plus impérieux:*) Obéissez. (*Henri passe avec Pope dans la pièce voisine.*)

>WINDHAM, *à ladi Marie.*

O ma mère, c'est en ce moment que j'ai besoin d'être soutenu par votre courage! (*Il se tourne vers ladi Sophie et vers Élisabeth.*) Pardonne, chère épouse, et toi, ma fille, si je ne puis vous épargner l'aspect d'une soldatesque insolente. Mais, dans un tel péril, je ne puis me résoudre à vous éloigner de mes yeux.

SCÈNE VIII.

LADI MARIE, LADI SOPHIE, ÉLISABETH, WINDHAM, LUKE, PEMBEL, TALGOL.

(*Les soldats se précipitent dans le salon.*)

>LUKE, *d'une voix tonnante.*

Où sont-ils? où sont-ils?

>WINDHAM, *avec calme.*

Qui cherchez-vous?

>LUKE.

Stuart et le compagnon de sa fuite.

WINDHAM.

Stuart? Je ne connnais de ce nom que le roi d'Angleterre, et on ne le prononce devant moi qu'avec respect.

LUKE.

Nous n'avons point de roi. C'est Stuart que je vous demande.

PEMBEL.

Il est dans votre château. Ne vous avisez pas de le celer, ou il vous en coûte la vie.

WINDHAM.

Je la mépriserais, si je la croyais à votre merci.

LUKE.

Moins de paroles, et répondez. Où sont les deux hommes qui sont venus ici ce matin?

PEMBEL.

Le maréchal à qui vous avez envoyé leurs chevaux a reconnu les fers pour avoir été forgés dans le nord. D'autres marques prouvent que l'un des deux est le roi d'Écosse.

LADI MARIE.

Et l'avez-vous jamais vu pour le reconnaître?

LUKE.

Non; mais n'importe? Cromvell le reconnaîtra bien.

WINDHAM, *bas à ladi Marie.*

L'entendez-vous, ma mère? Ah! si.....

LADI MARIE, *bas à Windham.*

Mon fils, je suis digne de concevoir tes vœux magnanimes.

LUKE, *en les interrompant.*

Allons, finissez vos discours. Qu'on nous livre à l'instant les deux étrangers. (*Il tire son épée, et la lève sur Windham.*) qu'on nous les livre, ou vous êtes mort.

LADI SOPHIE, *s'élançant au devant du capitaine.*
Que faites-vous, barbare?

LADI MARIE.
Arrêtez, arrêtez. Je vais vous les amener.

LUKE, *baissant son épée.*
Hâtez-vous, miladi, si vous tremblez pour ses jours.

SCÈNE IX.

WINDHAM, LADI SOPHIE, ÉLISABETH, LUKE, PEMBEL, TALGOL.

LADI SOPHIE, *bas à Élisabeth avec un air consterné.*
Quel est donc le dessein de ma mère?

ÉLISABETH.
Je n'ose le pressentir. (*Elles se jettent dans les bras l'une de l'autre.*)

LUKE.
Milord, ignorez-vous les peines prononcées par le parlement contre ceux qui refuseraient de remettre Stuart en sa puissance?

WINDHAM.
Ignorez-vous l'infamie attachée à ceux qui violent les droits de l'hospitalité?

LUKE.
Vous êtes rebelle à la loi de la nation.
WINDHAM.
Je n'en connais point qui puisse me faire oublier celle de l'honneur.
LUKE.
Comment l'honneur peut-il vous engager envers un proscrit, déclaré l'ennemi de sa patrie?
WINDHAM.
L'ennemi de la patrie est à mes yeux celui qui renverse son gouvernement; qui ravit au peuple son roi légitime. Quand une erreur de mon esprit m'aurait entraîné dans les principes abominables dont vous faites profession, si Charles était venu me demander un asile, j'aurais cru devoir respecter son malheur. Jugez maintenant si j'étais capable de le trahir, moi qui le regarde toujours comme mon souverain, et sa personne comme sacrée. La violence peut l'arracher de mes bras; mais l'aspect d'un échafaud dressé pour mon supplice n'eût jamais pu me porter à le trahir lâchement.
LUKE.
Vous reconnaissez donc que Stuart est l'un des deux hommes que l'on va nous amener?
WINDHAM.
Lorsqu'il seront en votre présence, vous le saurez de leur bouche, s'ils daignent vous l'apprendre.
LUKE.
Il faudra bien qu'ils le confessent, ou ce fer me fera raison de leur refus.

WINDHAM.

Qu'osez-vous dire? N'attendez pas que je vous laisse impunément exercer votre rage. Ce château, depuis trois cents ans, est la demeure de l'honneur; vous ne le souillerez point par un meurtre exécrable. Craignez de me pousser au désespoir. Vous voyez un soldat moins vieilli par l'âge que par les fatigues de la guerre, et qui, pour vous punir, peut retrouver un moment les forces de sa première jeunesse.

SCÈNE X.

LADI MARIE, WINDHAM, LADI SOPHIE, ÉLISABETH, LUKE, PEMBEL, PALGOL.

LUKE, à ladi Marie qui s'avance.
Où sont mes prisonniers ?

LADI MARIE.
Ils me suivent. Avant de les remettre en vos mains, j'ai voulu d'abord vous déclarer combien je déteste l'action que vous me forcez de commettre. Je sens qu'elle outrage l'humanité. Mais mon premier devoir est de conserver la vie la plus précieuse. Si j'avais été libre de la racheter de la mienne, je n'aurais pas hésité sur le choix de la victime. Le ciel voit au fond de mon cœur. C'est à vous qu'il demandera compte du sang que j'expose à votre furie. (*En leur tendant des mains suppliantes.*) Mais si vous êtes encore sensibles à la voix de la nature, ne rejetez pas

mes tendres supplications en faveur de ces infortunés. Je leur ai promis que vous respecteriez leur misère.

LUKE.

C'est trop long-temps écouter de vaines lamentations. Où sont-ils ?

SCÈNE XI.

LADI MARIE, WINDHAM, LADI SOPHIE, ÉLISABETH, LUKE, TALGOL, PEMBEL, HENRI, POPE.

HENRI, *s'avance fièrement, enveloppé, ainsi que Pope, d'un grand manteau.*

Je n'attendrai pas que vous veniez me chercher.

LADI SOPHIE, *reconnaissant la voix de Henri.*

Ciel ! qu'entends-je ? (*D'une voix étouffée.*) Mon fils ? (*Elle tombe évanouie dans les bras d'Élisabeth, qui la conduit vers un fauteuil.*)

WINDHAM, *s'empressant de lui donner des secours ; bas d Élisabeth.*

Gardez-vous de nous trahir. (*Luke, Pembel et Talgol considèrent un moment Henri avec un air de surprise et d'irrésolution.*)

LUKE, *s'avançant enfin vers lui.*

Qui êtes-vous ?

HENRI, *avec fièreté.*

Avez-vous eu l'audace de croire que je m'abaisserais à vous répondre ?

LUKE, *insolemment.*

Qui êtes-vous encore, vous dis-je?

HENRI.

De quel droit osez-vous m'interroger?

LUKE.

Au nom du parlement dont je vous porte les ordres.

HENRI.

Moi, reconnaître un parlement dominé par un rebelle?

LUKE.

Cromwell saura bien vous y contraindre. Il n'est qu'à dix milles d'ici. C'est en sa présence qu'il faudra parler.

HENRI.

Vous n'aurez donc qu'un mot de ma bouche. Conduisez-moi devant lui.

PEMBEL.

Hâtons-nous, avant que les paysans ne se rassemblent, et ne viennent peut-être nous disputer notre capture.

LUKE.

Marchons. (*Il fait un mouvement pour entraîner Henri.*)

HENRI, *lui en imposant d'un signe d'autorité.*

Un instant. (*A Windham.*) Milord, j'espérais rendre mes jours utiles à ma patrie. Si ma mort peut lui épargner un sang précieux, je m'y dévoue sans regret, et même avec joie. Recevez, et vous aussi, miladi, ma profonde reconnaissance pour les sentimens que vous m'avez témoignés, et surtout pour la haute opinion que vous avez eue de mon courage. (*Windham et ladi Marie s'efforcent d'étouffer leur douleur. Henri cherche des yeux sa mère et la voit évanouie. Il se précipite sur sa main et la couvre de baisers.*) Dans quel état affreux la jette un intérêt trop tendre! Faut-il que je sois contraint de l'abandonner dans une si déplorable situation! Milord, miladi, et vous Élisabeth, au nom du ciel, je vous en conjure, prodiguez-lui tous les soins de votre tendresse. Parlez-lui souvent de moi, peignez-lui l'effort que je fais sur moi-même pour me séparer d'elle. Je n'oserais répondre de ma résolution, si je voyais un moment ses larmes; si j'entendais sa voix gémissante (*Il se relève, presse tendrement la main d'Élisabeth, pousse un profond soupir, en jetant pour la dernière fois les yeux sur sa mère; et tout-à-coup enfonçant son chapeau sur ses yeux, et s'enveloppant le visage de son manteau, de peur d'être reconnu par les paysans en traversant le village, il s'éloigne à grands pas et fait signe aux soldats de le suivre.*)

LUKE, *l'accompagnant l'épée nue sur l'épaule, crie aux soldats :*

Allons, amis.

PEMDEL, *à Pope qui s'enveloppe dans son manteau.*

Marchez. Cromwell va bien savoir aussi qui vous êtes.

POPE.

Je ne craindrai pas de vous le dire tout haut à vous-mêmes; un serviteur fidèle du roi, qui se fait gloire de mourir pour lui. (*Les soldats les entraînent et sortent avec des cris confus.*)

SCÈNE XII.

LADI MARIE, WINDHAM, LADI SOPHIE, ÉLISABETH.

WINDHAM.

Je puis donc enfin me livrer en liberté à ma douleur! O ma mère, quel sacrifice!

LADI MARIE.

C'est pour moi qu'il est le plus douloureux! moi, que le sort a forcée de préparer et de conduire les victimes.

WINDHAM, *se penchant vers ladi Sophie.*

Reviens à toi, chère épouse. Que dis-je, hélas! dois-je désirer de te voir sortir de ce paisible évanouissement? Ah! s'il pouvait se changer en un long et profond sommeil! Le cœur déchiré de mes propres blessures, comment pourrai-je soutenir encore ton désespoir?

LADI SOPHIE, *reprenant peu à peu ses esprits, d'une voix affaiblie.*

Mon fils!

WINDHAM.

C'est en vain que tu l'appelles, ce fils si cher! C'est lorsqu'il se montre le plus digne de notre amour, que nous sommes condamnés à le perdre!

LADI SOPHIE, *se ranimant, d'une voix plus forte.*

Mon fils ! (*Elle promène de tous côtés ses regards.*) Où est-il ? (*Elle se lève avec précipitation.*) Qu'avez-vous fait de mon fils ? *Windham, abattu, ne peut encore répondre.*)

LADI MARIE, *avec un effort violent sur elle-même.*

Un héros, l'honneur de notre nom, le sauveur de son roi, le gage du salut de sa patrie.

LADI SOPHIE, *avec l'accent du désespoir.*

Barbares ! vous avez pu l'immoler ?

WINDHAM.

Voulais-tu me voir déshonorer par une lâche trahison, et livrer aux bourreaux une tête sacrée ? Réduite à choisir d'un époux vivant pour l'infamie, ou d'un fils mourant pour la gloire, parle, quel choix aurais-tu fait ?

LADI SOPHIE.

Que puis-je te répondre ? Mais mon fils !

WINDHAM.

Il était aussi le mien. Je le voyais seul échappé des ruines d'une nombreuse famille pour relever sa gloire. Il annonçait, dès sa première jeunesse, les espérances les plus flatteuses. Il les a toutes surpassées en un moment. Avec tant de droits à mon amour, crois-tu que la nature me laisse gémir moins vivement que toi sur sa perte ? Prends donc aussi pitié de mes souffrances. Tu me crois insensible, parce que je veux adoucir ta douleur. Ah ! que ne peux-tu voir mes entrailles, déchirées par les plus vives tortures ! Que te dirais-je ? Ce n'est pas une âme comme la tienne que l'on abuse par de vaines consolations. Mais il en est que l'on peut t'offrir. Vois ton fils, déjà plein de vertus, à la fleur de son âge, acquérir un renom immortel en sauvant son prince et son pays! Occupe un moment ta tendresse de ces nobles pensées. Quand il faudra le regretter, je t'offre une grande espérance, que la férocité de Cromwell ne rendra pas vaine; c'est d'être enveloppés tous à la fois dans la même proscription.

LADI SOPHIE.

Je l'embrasse avec ardeur, cette espérance horrible. Que ferais-je de la vie, s'il me fallait survivre à mon fils? (*Plus vivement.*) Mais où est-il? Je veux le voir. Ramenez-le-moi, que je reçoive au moins ses derniers embrassemens.

WINDHAM.

Il vient de s'arracher de tes bras éperdus. Il craignait l'excès de ta tendresse.

LADI SOPHIE.

Il ne l'a point connue, s'il n'a vu que mon évanouissement. La frayeur d'une femme à l'aspect de farouches soldats pouvait le causer. C'est du désespoir de sa mère qu'il me fallait le rendre témoin. A-t-il vu ruisseler mes larmes brûlantes? a-t-il senti mon cœur palpiter contre le sien dans mes étreintes maternelles? Vous voulez qu'il expire sans savoir à quel excès il m'est cher! Non, cruels, laissez-moi le suivre; j'irai, je traverserai la foule de ses sattellites et de ses bourreaux, je veux l'embrasser mille fois, je veux m'étouffer contre son sein, et mourir avant lui de ma douleur. (*Elle s'élance d'un pas égaré. Windham la retient. Elle ne peut que tendre et agiter ses bras, en s'écriant d'une voix douloureuse :*) Mon fils ! mon fils ! (*Charles, accompagné de Derby, rentre en ce moment. Il s'arrête dans une muette surprise. Windham l'aperçoit, et s'avance vers lui. Ladi Sophie s'efforce de calmer ses mouvemens en la présence du roi ; et, pour éviter sa vue, elle se détourne sur le sein d'Élisabeth.*)

SCÈNE XIII.

CHARLES, DERBY, LADI MARIE, WINDHAM, LADI SOPHIE, ÉLISABETH.

CHARLES.

Windham, que vient-il donc de se passer ? J'entends de toutes parts des voix tumultueuses répéter en longues clameurs : Le roi est pris. Les soldats entraînent deux hommes. Je les ai vus s'éloigner dans la campagne suivis d'une populace bruyante, à la clarté de mille flambeaux. Je descends, je vous trouve dans une profonde consternation ; je vois votre épouse noyée dans les pleurs, et cherchant à fuir mes regards. Quel est ce mystère que je crains d'approfondir ?

WINDHAM.

N'avez-vous pas entendu les cris de cette mère désolée ?

CHARLES.

Que dites-vous ? Votre fils...

WINDHAM.

Il vous avait juré de sauver votre vie aux dépens de ses jours. Il remplit son serment.

CHARLES.

Et vous croyez que je le laisserai mourir à ma place? Non, non. Je me croirais indigne de ce dévouement généreux si je permettais qu'il s'achève. Séchez vos pleurs, miladi, je vais vous rendre un fils qui mérite si bien vos regrets.

WINDHAM.

Ce serait en vain. Le sanguinaire Cromwell s'effraie-t-il du nombre des victimes? C'en est fait de mon fils, et vous péririez sans le sauver.

CHARLES.

Je mourrai du moins avec lui.

WINDHAM.

Non, sire, vous ne mourrez point. Votre vie n'est plus à vous : elle m'appartient, à moi qui viens de l'acheter au prix de mon sang. J'ose réclamer tous mes droits sur elle pour les joindre à ceux de la nation.

CHARLES.

Et que pouvez-vous exiger de moi?

WINDHAM.

Que notre grand projet s'accomplisse : l'exécution en devient plus favorable. Le faux bruit qui remplit déjà le village, et qui va bientôt se répandre dans tous les environs, vous assure une libre retraite. Hâtez-vous de partir; le délai d'un seul instant peut vous être fatal. Le tigre, trompé dans sa rage, viendra demain, à la trace de mon sang, chercher sa nouvelle proie. Soyez hors de ses atteintes avant le réveil de sa fureur.

DERBY.

Eh bien ! Windham, dérobez-vous aussi avec nous à la vengeance de Cromwell. Chargé de vos effets les plus précieux, venez avec votre mère, votre épouse et votre fille, et suivez notre destinée.

WINDHAM.

Je croyais, Derby, que vous auriez mieux appris à me connaître. J'aurais livré mon fils au glaive des bourreaux, et je voudrais y soustraire ma tête !

CHARLES.

Sauvez du moins ce qui vous reste d'une famille infortunée. Hâtez-vous de la mettre en sûreté.

LADI MARIE.

Moi, sire, abandonner mon fils !

LADI SOPHIE.

On m'a ravi le mien, on ne m'arrachera point à mon époux.

WINDHAM.

Vous voyez que la mort n'a rien qui puisse nous effrayer. La moitié de ma maison a péri pour la défense de votre père, l'autre moitié saura périr pour votre salut.

CHARLES.

Non, je n'accepte point cette offrande sanglante. Quel est donc le sort qui me poursuit? Le ciel ne donne les rois aux peuples que pour faire leur bonheur; et moi, il ne m'a fait naître que pour la ruine des miens! Ma vie est un sujet de discorde entre mes sujets. Je vois les uns prostituer leur conscience et leur honneur pour me la ravir; les autres, pour me la conserver, sacrifier un sang trop généreux. C'est le mien que les furies demandent. Délivrez-moi de cette vie maudite ; je la déteste, je l'abhorre.

WINDHAM.

C'est pour cela qu'il est d'un grand courage de la supporter. Le ciel, en secondant mon projet, nous a marqué nos devoirs, à vous de vivre, à nous de mourir. Laissez-nous remplir cette glorieuse destinée. Si de mon échafaud j'apprends votre salut, je mourrai trop heureux.

CHARLES.

Et moi, vivrai-je heureux sur un trône où je ne serai monté qu'en vous immolant?

WINDHAM.

Qu'importe votre bonheur ou le mien! C'est celui de tout un peuple dont il faut occuper votre pensée. Égaré par la violence de ses passions, mais toujours prêt, par son grand caractère, de revenir à la justice et à l'honneur, c'est à vous seul qu'il peut avoir recours pour l'y ramener. Il ira bientôt vous redemander à vous-même. Revenez alors, non en conquérant, mais en père. Mon sang ne vous criera point vengeance, il vous criera clémence, amour et liberté.

CHARLES.

Ce peuple ingrat, qui me proscrivit, vaut-il à mes yeux un citoyen tel que vous? Sur l'espoir douteux de son retour, faut-il que je laisse périr de si nobles victimes? Non, Windham, je vous l'ai dit, je n'accepterai point une offrande de sang, quand je puis la racheter du mien. De quel droit prétendez-vous me forcer à l'accepter?

WINDHAM.

De quel droit, sire? Vous me faites oublier les devoirs d'un sujet pour prendre sur vous l'autorité de mon âge, et, s'il faut le dire, de mes services. Quand je vous ai ouvert ici un asile, au risque de ma fortune et de ma vie, l'honneur de vous sauver pouvait être ma récompense; mais quand je vous immole mon fils, de quel prix pouvez-vous me payer? Et vous voudriez à présent me ravir jusqu'au fruit de ce sacrifice, et me réduire au regret de me l'être imposé? Non, sire; vous êtes roi, mais j'étais père. C'est pour vous que je ne le suis plus. Rendez-moi donc dans votre personne un fils que j'avais élevé pour l'espérance de la patrie. Vous demandez mes droits! Vous m'en avez donné sur vous, que je veux exercer dant tout leur empire. Partez.

CHARLES.

Généreux, mais cruel Windham...

WINDHAM.

Je n'entends plus rien. Éloignez-vous, sauvez en vous la nation. Suivez-nous, ma mère; et vous, Derby, aidez-moi à l'entraîner. (*Il se tourne vers ladi Sophie.*) Pardonne, chère épouse, je vais goûter la dernière joie qui puisse me rester sur la terre, celle de servir mon pays, et je reviens dans tes bras me livrer tout entier à notre douleur. (*Avec le secours de Derby, il entraine le roi. Ladi Marie les suit. Élisabeth ramène ladi Sophie dans son appartement.*)

FIN DU QUATRIÈME ACTE.

ACTE V.

SCÈNE PREMIÈRE.

WINDHAM seul.

Quelle nuit affreuse je viens de passer ! Ah ! je n'en aurai point d'autres dans le peu de temps qu'il me reste à traîner la vie ! Tremblant pour mon roi, pour ma patrie et pour mon fils, où sont les maux qui peuvent manquer à ma douleur ? Encore si j'étais seul à souffrir ! O chère épouse ! c'est ton désespoir qui m'accable plus que le mien ! Tantôt me serrant dans tes bras, tantôt m'en repoussant avec horreur, épuisée de larmes, étouffée de sanglots, passant tour à tour des convulsions les plus terribles à un calme effrayant, et d'un silence morne à des cris douloureux, combien de fois mon cœur s'est déchiré, dans cette longue nuit, à l'aspect de tes tourmens ! Un sommeil trompeur vient d'appesantir enfin ses paupières, et me donne un moment pour gémir seul en liberté. O mon fils ! mon fils ! jamais un vice en toi n'avait fait couler nos larmes paternelles ; mais fallait-il ne montrer tant de vertus que pour combler l'excès de notre malheur? (*Il verse un torrent de larmes, en cachant sa tête dans ses mains.*)

SCÈNE II.

WINDHAM, JACQUES.

JACQUES, *le regardant d'un air attendri, et n'osant l'interrompre.*

Devais-je m'attendre à le trouver dans cette désolation? Quel prix il reçoit de ses vertus! (*Il s'approche et l'appelle en tremblant.*) Milord!

WINDHAM, *sortant tout à coup de sa rêverie, le reconnaît, et d'une voix oppressée:*

Ah! mon ami, que viens-tu m'annoncer, a-t-on un vaisseau pour le roi?

JACQUES.

Oui, milord. Le colonel Lane, à mon départ, en tenait un tout prêt à mettre à la voile au premier instant de son arrivée.

WINDHAM, *avec un rayon de joie qui perce à travers ses larmes.*

Grâces au ciel, je sens du moins une partie de mes peines adoucies.

JACQUES.

Je ne sais s'il faut encore vous livrer à la joie.

WINDHAM.

Que me dis-tu?

JACQUES.

En revenant ici, je n'ai trouvé qu'à trois milles du port la voiture de miladi.

WINDHAM.

Eh bien?

JACQUES.

Mais, en m'avançant sur la route, j'ai vu des soldats courant de tous côtés avec de nouveaux ordres de Cromwell.

WINDHAM.

Il est donc déjà détrompé sur sa victime. Dieu! s'ils allaient atteindre le roi!

JACQUES.

Je crains qu'ils n'aient poursuivi leur route vers le bord de la mer, et peut-être vers Shorcham.

WINDHAM.

Ainsi, me voilà replongé dans de plus cruelles alarmes.

JACQUES.

Miladi m'a chargé de vous prévenir qu'elle vous dépêcherait Thomas, ou qu'elle viendrait elle-même aussitôt que le roi serait embarqué.

WINDHAM.

Qu'ils viennent donc me tirer de cette affreuse incertitude! Va, laisse-moi, je te prie, si tu n'as rien de plus à m'apprendre.

JACQUES.

Pardonnez, milord; mais je ne puis vous abandonner ainsi à vous-même. Je n'ai que trop de regrets de m'être éloigné de vous. Je ne vous aurais pas laissé sacrifier mon jeune maître. J'aurais rempli sa place; trop heureux de vous conserver un fils digne de tant d'amour. Je m'en revenais si content d'avoir rempli mon message! L'espoir de vous trouver satisfait des bonnes nouvelles que je vous rapportais me rendait si joyeux! Ah! milord, que suis-je devenu, quand j'ai appris ce qui s'était passé en mon absence? Et maintenant que je vous vois souffrir, vous qui me traitez avec tant de douceur et de bonté, je ne sais comment résister à ma douleur.

WINDHAM.

Par pitié, mon ami, n'aggrave point les maux que j'endure.

JACQUES, *lui baisant la main.*

Mon maître, mon digne maître!

WINDHAM.

Je te remercie de ton attachement; mais ce témoignage que j'en reçois ne sert qu'à m'affliger davantage. Pourquoi me parler de moi-même? J'ai besoin de n'être occupé tout entier que de mon fils. (*Jacques sort en levant les bras vers le ciel, et en regardant Windham avec tristesse.*)

SCÈNE III.

WINDHAM seul.

Voici l'instant où ce fils si cher venait tous les matins me demander ma bénédiction. Avec quel transport je le serrais contre mon cœur. Au lieu de recevoir ces embrassemens du père le plus tendre, peut-être essuie-t-il maintenant les menaces du féroce Cromwell, entouré de bourreaux, le fer levé sur sa tête! Peut-être qu'il expire en ce moment sous leurs coups! O Dieu! ma patrie, mon fils, ma famille entière, tout perdre, et ne pouvoir mourir!

SCÈNE IV.

WINDHAM, LADI SOPHIE, ÉLISABETH.

LADI SOPHIE, *tout échevelée, s'avance d'un pas irrégulier, soutenue par Élisabeth. Elle crie d'une voix éteinte:*

Windham!

WINDHAM *se retourne et l'aperçoit.*

Ciel! quel trouble dans ses sens! quel égarement dans ses yeux!

LADI SOPHIE, *l'œil hagard.*

Où suis-je? est-il jour encore? Je n'ai pas vu Henri. Il n'est pas venu m'embrasser. Ce cher fils! il sait pourtant que ses caresses font le bonheur de ma vie! (*Elle envisage Windham d'un regard fixe.*) Ah! je le vois. (*Elle sourit.*) Il est dans les bras de son père.—Laisse-le donc aussi venir sur mon sein. (*Elle tend ses mains roidies.*) Il ne vient pas! Il ne m'aime plus! (*Elle se détourne, et ramenant bientôt sa vue vers Windham.*) Barbare! un poignard dans tes mains! Qu'a-t-il donc fait pour que tu l'égorges! Ah! je le défendrai contre toi. (*Elle veut s'élancer. Élisabeth l'arrête.*) On me charge de fers pour te priver de mes secours. (*Avec un mouvement d'hor-*

reur.) D'où vient ce sang que je vois couler à grands flots? Est-ce mon sang ou celui de mon fils? (*Elle retombe sur les bras d'Élisabeth, la tête penchée en arrière.*)

WINDHAM.

Il manquait ce dernier coup à mon désespoir! (*A Élisabeth.*). Je venais de la laisser si tranquille!

ÉLISABETH.

Voilà dans quel état elle s'est trouvée à son réveil!

WINDHAM.

Que lui dirai-je? Il ne me reste pas même d'espérance pour tromper sa douleur. (*En se penchant vers elle, et lui prenant les mains.*) Sophie! ma chère Sophie!

LADI SOPHIE, *d'une voix étouffée.*

Il n'est plus de Sophie. C'était la mère de Henri. Elle l'a perdu. (*Windham reste abîmé dans sa désolation. Moment de silence, pendant lequel on n'entend que les sanglots d'Élisabeth.*)

SCÈNE V.

LADI SOPHIE, WINDHAM, ÉLISABETH, JACQUES.

JACQUES, *entrant d'un air effaré.*

Milord, toute la cour est pleine de soldats, et Cromwell lui-même s'avance.

LADI SOPHIE, *se ranimant.*

Cromwell! Qui est ce Cromwell? N'est-ce pas un autre assassin de mon fils? (*Elle s'évanouit.*)

WINDHAM, *après lui avoir donné les premiers secours.*

Élisabeth, entraînez votre mère. (*Élisabeth emmène ladi Sophie.*) Que le barbare ne repaisse pas sa vengeance de ce spectacle. Ciel! donne-moi la force de vaincre ma douleur pour le confondre et l'accabler (*Il s'affermit et attends Cromwell.*).

SCÈNE VI.

WINDHAM, CROMWELL.

CROMWELL.

Milord, tu me vois entrer chez toi pénétré d'une sainte indignation! Que tu aies voulu me tromper en me livrant ton fils au lieu de Stuart, je ne m'offense point de cette injure : mais trahir la nation, et prétendre te jouer des volontés du ciel, comment te pardonnerais-je cet excès d'audace et d'impiété?

WINDHAM.

Et tu n'en vois point à te donner, toi, Cromwell, pour le vengeur de leur querelle?

CROMWELL.

Je sais que l'homme n'est rien aux regards de l'Être suprême. Apprends aussi qu'il peut servir d'instrument entre ses mains pour signaler sa puissance.

WINDHAM.

Et c'est pour la faire mieux éclater, sans doute, qu'il est allé te choisir au sein de la bassesse et de la crapule, perdu de dettes et d'honneur, noirci de plus de crimes qu'il n'y eut jamais de mouvemens pervers dans l'âme du dernier scélérat.

CROMWELL.

Le ciel a vu mes faiblesses, mais il voyait mon amour pour la patrie.

WINDHAM.

La patrie! Ce nom est dans ta bouche comme celui de la vertu dans les enfers.

CROMWELL.

La nation me traite avec plus de justice. Elle a senti que je venais de lui rendre sa grandeur.

WINDHAM.

Est-ce donc en dégradant ses esprits par le fanatisme et l'hypocrisie? en la livrant au mépris de ses voisins par son acharnement furieux à se détruire elle-même, et à l'exécration de l'univers par le meurtre abominable de son roi? Tu lui as rendu sa grandeur, lorsque tu la fais servir de jouet à ton ambition. Quand tu ne l'aurais réduite qu'à souffrir lâchement les indignités dont tu l'accables, ne l'aurais-tu pas assez avilie? Jusques à quand sera-t-elle la dupe de ton imposture? Que ne peut-elle te voir, non comme je te vois, car la profondeur de ta scélératesse me dérobe encore des abîmes de forfaits, mais tel que tu te verrais toi-même, si l'affreuse lueur du remords pouvait pénétrer jusqu'à ton cœur ténébreux!

CROMWELL.

La servitude osa toujours ainsi calomnier les nobles efforts du courage. Il fallait, pour te plaire, laisser gémir un peuple généreux sous le joug de la tyrannie?

WINDHAM.

C'est te peindre assez l'horreur qu'elle m'inspire, que de ne pouvoir exprimer combien je t'abhorre. Oui, monstre, crois-tu m'avoir dérobé la marche perfide de ton ambition? Je ne suis point l'esclave des rois; j'ai détesté toutes leurs entreprises sur notre liberté. Quelles malédictions ne vous dois - je donc pas, à ton parlement et à toi, les deux plus cruels oppresseurs du peuple? Sous quel tyran couronné le peuple a-t-il répandu plus de larmes et de sang? Des mœurs féroces, des erreurs frénétiques, des proscriptions vengeresses, la licence, les déprévations et les massacres; voilà ce que tes fourbes républicains donnent pour liberté à une populace aveuglée, dans le même temps qu'ils l'écrasent de taxes accablantes, et qu'ils punissent ses murmures comme des rébellions. Ce cahos monstrueux est l'ouvrage de ta sombre politique. Je t'ai vu caché dans la secte des indépendans, incapable de la dominer par la vigueur de l'éloquence, l'entraîner par la fougue d'une imagination en délire; t'envelopper de voiles religieux pour tromper l'ambition personnelle de tes rivaux; les pousser tous ensemble au plus haut degré d'usurpation du pouvoir arbitraire pour y parvenir sur leurs traces, et les en précipiter ensuite par la violence et l'audace de ton génie. Resté seul à cette hauteur, confondant à tes pieds les armes et les lois, tu tourmentes aujourd'hui la nation des tempêtes de l'anarchie, pour la faire tomber de fatigue sous ton despotisme. Viens me parler maintenant de grandeur et de liberté!

CROMWELL.

Homme charnel, c'est bien à toi de juger l'empire des saints, et de sonder les décrets impénétrables de la Providence!

WINDHAM.

Va porter ces mystiques déclamations à tes énergumènes soldats; va jouer des extases, et répandre des larmes hypocrites dans ton parlement. Ils sont bien dignes d'être condamnés à la honte de les applaudir.

CROMWELL.

Je déplore l'aveuglement de ton cœur; il est trop profond pour que je puisse y porter la lumière. Il n'est donné qu'au ciel de t'éclairer, si tu méritais cette grâce. Rends-moi seulement Stuart, qu'il te demande par ma voix.

WINDHAM.

Puisqu'il t'a fait son organe, il t'aura révélé, sans doute, où tu dois trouver ta victime.

CROMWELL.

Il m'a révélé de la faire chercher dans ton château et dans toute la contrée.

WINDHAM.

Eh bien! que tardes-tu à suivre des inspirations si manifestes?

CROMWELL.

C'est à quoi mes soldats sont employés en ce moment, tandis que tu me crois occupé à répondre à tes vains discours.

WINDHAM.

Attends donc en silence l'effet de tes recherches.

CROMWELL.

Songe que ta vie en dépends.

WINDHAM.

Je t'ai livré celle de mon fils ; penses-tu que je tremble pour la mienne ?

CROMWELL.

Tu périras avec ton fils, et avec toi tu verras périr ta famille entière. Tu l'as entraînée dans ta rébellion, tu l'entraîneras dans ton supplice.

WINDHAM.

Nous brûlons tous d'y marcher, et de braver ta vengeance. La mienne est déjà satisfaite, en te forçant de m'estimer autant que je te méprise. Vois, Cromwell, quelle est la différence du crime à l'honneur. A force de violences et de fourberies, tu peux trouver un parlement assez vil pour te déférer le rang suprême ; mais, revêtu d'un pouvoir auquel tu n'aspire que par l'attrait des forfaits qu'il doit te coûter, il te lassera bientôt, quand tu n'en trouveras plus de nouveaux à commettre. Il ne te restera que les terreurs d'une conscience intimidée par ta décrépitude précoce. Tes enfans te maudiront, avec l'héritage d'un trône criminel ; et moi je mourrai béni de ma famille, en la sacrifiant à la vertu.

CROMWELL.

J'ordonnerai que ton nom soit flétri comme celui d'un traître.

WINDHAM.

Il ne l'est pas, même en passant par ta bouche

infâme ; juge si rien peut le souiller. C'est de mon supplice qu'il doit tirer son plus grand éclat. Ce nom va s'attacher au tien pour le couvrir d'opprobre jusque dans la postérité la plus reculée. J'attends encore de ma mort un effet plus glorieux. De nombreuses alliances m'attachent aux premiers lords de ce comté : ils ne verront point couler dans l'inaction, sous le fer des bourreaux, le même sang qui remplit leurs veines. Il ne pourra jamais naître dans les trois royaumes un monstre pareil à toi ; mais j'honore trop mon pays pour croire qu'il ne lui reste plus de citoyens qui me surpasse en vertus. En voyant une famille entière périr avec enthousiasme pour son devoir, une généreuse émulation saisira leurs grandes âmes. La chute de ma tête sera le signal qui va les rallier de tous côtés. Je les vois fondre déjà sur la tienne. Hâte-toi donc de consommer un meurtre qui me délivre de la vue de tes crimes, et qui doit armer tant de vengeurs pour le punir. Viens dresser toi-même mon échaffaud. Je me fais gloire d'y devancer tes pas. (*Il veut sortir. Il aperçoit ladi Marie qui s'avance d'une marche précipitée.*)

SCÈNE VII.

CROMWELL, LADI MARIE, WINDHAM.

WINDHAM.

C'est vous, ma mère ! Quels transports je vois éclater dans vos yeux ? Qu'allez-vous m'apprendre du roi ?

LADI MARIE, *avec un sourire de joie.*

Il est sauvé.

WINDHAM, *dans un accès de ravissement.*

Qu'entends-je?

LADI MARIE.

Oui, mon fils, je n'ai quitté le port que lorsque le vaisseau dérobait ses voiles à ma vue. Un vent favorable a toujours continué de souffler. Il l'aura déjà porté sur les côtes de France.

WINDHAM, *les bras levés vers le ciel.*

Juste ciel! tu veux donc couronner à la fois tous mes vœux. Tu sauves le roi par mes soins; tu rends ma vie et ma mort également utiles à la patrie. Eh bien! Cromwell, te voilà consterné! Où sont les espérances dont tes saintes révélations enflaient l'orgueil de ton armée? Charles devait être chargé de tes fers? Tremble, scélérat! C'est lui qui va t'en préparer. De l'autre bord de l'Océan son nom viendra ranimer le courage des bons citoyens, et te glacer de terreur. Quelle jouissance, à mon dernier soupir, de voir tes projets confondus!

CROMWELL, *avec un sourire amer.*

Windham, tu ne me connais point. Tu vas voir si je laisse dépendre ma fortune de l'opinion des hommes ou des événemens. (*Il marche vers la porte, et fait signe aux soldats de s'avancer.*)

SCÈNE VIII.

CROMWELL, LADI MARIE, WINDHAM, troupe de soldats

(*On voit dans l'éloignement Henri qui tend ses bras à Windham, et qui voudrait s'élancer vers lui ; mais Luke, Pembel et Talgol le retiennent.*)

CROMWELL, *aux premiers soldats.*

Entrez, braves défenseurs de la bonne cause ; venez vous réjouir avec moi. Vous voyez dans Windham le libérateur de la patrie.

LES SOLDATS, *étonnés.*

Windham !

CROMWELL.

Oui, mes amis. Le parlement avait promis une récompense à ceux qui s'empresseraient de remettre Stuart entre ses mains. Le généreux Windham pouvait la gagner ; il l'a dédaignée. Il m'avait déjà vu renvoyer au-delà des mers le jeune frère du tyran (1) ; il a fait plus, il a chassé le tyran lui-même pour qu'il ne restât plus rien d'une famille maudite dans la terre des élus.

WINDHAM.

Qu'ose-tu dire, Cromwel ?

CROMWELL, *l'interrompant.*

Va, ne crains point que je désaprouve ta sage po-

---

(1) Le duc de Glocester, le dernier des enfans de Charles Ier, que Cromwell fit passer en Hollande après le supplice de son père.

litique. Tu voulais montrer aux derniers partisans du lâche Stuart combien il était indigne de leur attachement. Tremblant pour lui seul, il les abandonne au moindre péril, et les livre à notre juste vengeance. Enfans du ciel, bénissez le Seigneur! Un tyran exécuté par le glaive vengeur des lois, un autre renvoyé, sans retour, de cette île sacrée, assurent pour jamais l'empire des saints et le règne de la liberté.

WINDHAM.

Quoi, fourbe! c'est ainsi que tu as l'impudence d'interpréter mes actions.

CROMWELL.

Tais-toi, profane. Tu ne vois pas que le ciel gouverne ton cœur malgré toi-même. Il manifeste sa puissance et sa protection de la bonne cause, en te rendant l'instrument aveugle de ses décrets. Je suis juste, tu as fait le bien de l'état : vois ton fils, je te le rends. Qu'on le remette entre ses bas. (*On amène Henri; et, tandis que Windham se livre aux transports muets de sa joie, Cromwell, profitant de son silence, dit à ses soldats:*) Venez, amis, allons rendre grâces à l'Éternel. Le prix que le parlement avait mis à la tête de Stuart va vous être remis, puisque l'Angleterre en est délivrée. Je vais solliciter encore pour vous de nouvelles largesses. Il faut que l'armée sainte partage la joie qu'éprouve le Seigneur lui-même dans ce jour de bénédictions. (*Il sort avec un air de triomphe, et les soldats le suivent.*)

SCÈNE IX.

LADI MARIE, WINDHAM, HENRI.

(*Tandis que Henri se jette dans les bras de ladi Marie, Windham cherche Cromwell, et, ne le voyant plus, il s'écrie :*)

L'imposteur! il m'échappe avant que j'aie pu le démasquer.

HENRI.

O mon père! ne nous occupons que de la joie de nous voir réunis, et le roi sauvé par nos soins.

LADI MARIE.

Me pardonneras-tu le péril où j'exposais tes jours?

HENRI, *vivement*.

Vous pardonner? Ah! plutôt recevez les plus vifs transports de ma reconnaissance. Je vous dois d'avoir conservé l'honneur de notre nom, rempli le devoir le plus saint, et témoigné peut-être que je ne suis pas indigne de vous. Mais ma mère, ma sœur, que je les voie; je ne puis résister à mon impatience.

WINDHAM.

Hélas! ta pauvre mère; elle a payé bien cher la gloire que tu viens d'acquérir. Une fièvre brûlante, allumée par son désespoir, a porté le trouble et l'égarement dans ses esprits.

HENRI.

Ciel! que m'annoncez-vous?

WINDHAM.

Rassure-toi; j'espère que ta présence lui rendra bientôt le calme en faisant rentrer la joie dans son cœur.

HENRI.

Laissez-moi donc voler auprès d'elle.

WINDHAM, *lui prenant les mains.*

Non, demeure : il faut ménager sa faiblesse ; et je vais la disposer à te recevoir. Mais que vois-je ? Dieu ! c'est elle-même.

SCÈNE X.

LADI MARIE, WINDHAM, HENRI, LADI SOPHIE, ÉLISABETH.

LADI SOPHIE, *se débattant avec force, et s'arrachant des bras d'Élisabeth.*

C'est en vain que vous voulez me retenir. Il faut que je voie ce Cromwell, il faut qu'il me rende mon fils.

HENRI, *courant à sa rencontre.*

Le voici ! le voici lui-même, ce fils que vous cherchez !

LADI SOPHIE, *l'arrêtant les bras tendus, et le considérant d'un regard étonné.*

Qui que tu sois, qui me représente mon cher Henri, je t'en conjure, reste toujours devant mes yeux.

HENRI, *s'élançant à son cou.*

Non, je veux que vous me sentiez sur votre sein. C'est moi, c'est moi que vous tenez dans vos bras.

LADI SOPHIE, *avec attendrissement.*

Oui, voilà ses traits, ses regards ; c'est ainsi qu'il m'embrassait, ce cher fils ! Cependant je n'ose le croire, ma tête en désordre est si remplie de fantômes trompeurs !

HENRI.

Non, vous n'êtes point abusée. Serai-je encore long-temps étranger à vos yeux ? O ma mère ! ma mère !

LADI SOPHIE, *avec l'émotion la plus vive.*

Ah ! je te reconnais à ce doux nom que tu me donnes. Pourquoi ne l'as-tu pas plutôt prononcé ?

HENRI.

Eh bien ! je vous le répéterai mille et mille fois. Ma mère, ma tendre mère ! vous me voyez rendu pour toujours à votre amour.

LADI SOPHIE.

Est-il bien vrai ! Quel baume se répand tout-à-coup dans mes veines ! O mon fils ! que j'ai souffert pour toi !

HENRI.

Toutes vos souffrances étaient dans mon cœur. Mais ne rappelons tant de maux que pour mieux sentir notre félicité. (*Il court vers Élisabeth, et l'embrasse.*) Ma sœur, je t'ai bien affligée ! Que je craignais de ne plus te revoir !

ÉLISABETH, *avec des soupirs.*

Ce n'est pas aujourd'hui que je pourrai t'exprimer ma joie. J'en suis trop accablée.

WINDHAM.

Ma chère Sophie ! je puis donc enfin m'offrir sans

crainte à tes regards. Henri s'est couvert de gloire; et, sans perdre notre enfant j'ai sauvé notre roi.

LADI SOPHIE.

Puisque c'est ainsi, je te pardonne. Mon fils et toi, vous m'en devenez plus chers que jamais.

SCÈNE XI.

LADI MARIE, WINDHAM, LADI SOPHIE, ÉLISABETH, HENRI, POPE, JACQUES, THOMAS.

(*On voit entrer Pope, que Jacques et Thomas conduisent en triomphe; Henri l'aperçoit, court le prendre par la main, et l'amène devant Windham.*)

HENRI.

Mon père! que je vous présente le généreux compagnon de mon sacrifice. (*Pope veut se jeter aux pieds de Windham.*

WINDHAM, *lui ouvrant les bras.*

Non, Pope; embrasse-moi. Tu voulais mourir avec mon fils; tu ne peux vivre désormais que son égal dans mon cœur. (*A Jacques et à Thomas.*) Et vous, mes amis, qui nous avez montré tant de zèle et de fidélité, restez toujours avec nous. Ne formons tous ensemble qu'une famille de frères et de bons citoyens. Vivons pour nous aimer, et réunissons nos vœux pour la liberté de la patrie, en attendant l'occasion de verser, s'il le faut, tout notre sang pour la rétablir.

FIN DU CINQUIÈME ET DERNIER ACTE.

POST-SCRIPTUM.

Dans les trois premiers actes de ce drame, j'avais assez exactement suivi la pièce allemande, à l'exception du dialogue, trop étranger à notre goût et à nos mœurs; mais à ce point j'ai cru devoir abandonner la marche de M. Stéphanie, et me tracer un plan nouveau, pour mieux soutenir l'intérêt que Charles avait d'abord inspiré, et faire éclater le caractère de Cromwell par un grand trait de dissimulation et d'hypocrisie, qui, devenu nécessaire à sa politique, servît en même temps à produire le dénoûment le plus heureux pour l'âme de mes lecteurs.

L'intrigue de cette pièce ayant exigé quelques altérations dans les noms des personnages, la situation des lieux et l'ordre des dates et des événemens, de peur d'induire la jeunesse en erreur sur les circonstances d'un fait aussi mémorable, il m'a semblé nécessaire de faire suivre le récit de la fuite de Charles second, tel que l'histoire nous l'a transmis dans ses véritables détails.

AVENTURE
DE CHARLES SECOND
DANS SA FUITE (1).

Après la journée de Worcester, le roi s'était éloigné du champ de bataille, suivi de cinquante cavaliers. Il garda son escorte dans une course de vingt-six milles, pour se défendre, soit des insultes des paysans, soit contre les détachemens que Cromwell avait envoyés à sa poursuite. Il crut alors devoir s'en séparer, et il ne garda près de sa personne que Wilmot et le comte de Derby, avec lesquels il se rendit à Witlad, ancien monastère abandonné, dont le fermier avait autrefois donné un asile au comte, après une déroute de sa petite armée. Ce fermier, dont le nom mérite d'être conservé, s'appelait Penderel. Il avait quatre frères, gens d'honneur comme lui, qui tenaient une autre petite ferme à Boscabel, dans son voisinage. On les envoya chercher; et ce fut entre leurs mains que le roi remit le soin de sa destinée. Il lui coupèrent les cheveux, lui noirci-

---

(1) Extrait de l'Histoire de la maison de Stuart, de Hume, et des Révolutions d'Angleterre, du P. d'Orléans.

rent le visage et le menèrent sous un vieil habit de bûcheron fendre du bois dans la forêt. On le fit coucher dans une petite chapelle, où il n'eut qu'un lit de paille et un mauvais oreiller. Une femme qu'on fut obligé de mettre dans le secret vint lui apporter du laitage, du beurre et des œufs. Le roi fut surpris de la voir; et ne sachant pas si les Penderel lui avaient fait une confidente entière, et lui demanda, pour s'en éclaircir, comment elle pourrait se résoudre à être fidèle à un homme qui avait été du parti du roi : la femme, sans s'expliquer davantage, répondit qu'elle serait fidèle au roi jusqu'à la mort. Elle dit ces paroles d'un cœur si pénétré, que Charles cessa de la craindre et fit de ce qu'elle lui avait apporté un repas champêtre que le besoin lui rendit peut-être le plus délicieux qu'il eût fait de sa vie.

Charles était à peine sorti de Witlad, que des soldats envoyés par Cromwell y étaient descendus et avaient visité tout le monastère. Heureusement une pluie abondante les empêcha de s'écarter pour parcourir les environs; et rien ne troubla le peu de repos qu'une extrême lassitude et de violens chagrins permirent au roi de prendre dans la triste demeure où il se voyait enfermé.

Informé de cette alarme, le lendemain à son réveil, il résolut aussitôt de passer dans le pays de Galles. Il se promettait d'y trouver plus de sûreté, jusqu'à ce qu'il pût se rendre à Londres, où il avait envoyé Wilmot pour l'attendre. Il partit dans la nuit avec un des Penderel pour lui servir de guide. Comme ils passaient près d'un moulin, le meunier, entendant ouvrir une barrière qui fermait le pont sur lequel on traversait le ruisseau, sortit brusquement, et leur demanda d'une voix menaçante où ils allaient à une heure si indue. Ils continuaient de vouloir ouvrir la barrière sans répondre; le meunier courut vers eux et leur cria d'arrêter. A ces mots Penderel abandonna le pont et passa tout au milieu de l'eau. Le roi ne balança pas à le suivre, guidé, sans le voir, par le bruit de sa marche. Par bonheur, les ténèbres et la corpulence du meunier l'empêchèrent de les atteindre.

Ils arrivèrent tout moulliés chez un paysan, nommé Wolph, de la connaissance des Penderel. Wolph, après avoir caché le roi de son mieux, alla lui-même sur le bord de la rivière pour préparer son passage; mais il trouva tout le rivage tellement couvert de soldats, qu'il crut devoir détourner son hôte d'une entreprise si dangereuse. Charles fut obligé de s'en retourner à Boscabel, et de là dans la chapelle, où il se tint renfermé pendant que les Penderel battaient le pays pour découvrir s'il ne paraissait point de troupes parlementaires aux environs. L'un d'eux, en faisant sa ronde, trouva un homme dont la vue surprit agréablement le roi. C'était Carlis, l'un de ces braves guerriers qui, pour donner le temps à ce prince de s'éloigner de Worcester, avaient arrêté quelque temps tous les efforts de l'ennemi aux portes de la ville. Carlis était né dans le pays, et connaissait les Penderel, qui l'emmenèrent chez eux. Le roi, s'étant foulé le pied, vint pendant la nuit dans la ferme pour se faire panser.

Carlis le reconnut et ne voulut plus se séparer de lui. Il le ramena dans la forêt avant le jour, et le fit monter sur un gros arbre, où ils restèrent cachés dans l'épaisseur du feuillage pendant près de vingt-quatre heures. Ils virent passer sous leurs pieds plusieurs soldats dont la plupart s'entretenaient tout haut de l'extrême envie qu'ils avaient de saisir le roi. Cet arbre reçut le nom de *chêne royal*, et fut toujours regardé par les habitans du pays avec une extrême vénération (1).

Cependant un bruit secret s'était répandu que Charles errait dans la contrée. L'un des Penderel ayant traversé le village voisin, il y trouva des gens de guerre occupés à recueillir tous les renseignemens qu'ils seraient en état ne se procurer à ce sujet. L'officier l'accabla lui-même de questions sur le compte du roi, et lui promit une forte récompense s'il pouvait donner quelques indices de sa retraite. Penderel ne démentit point sa fidélité; mais son récit fit prendre au roi la résolution de chercher un autre asile.

Le guide qu'il avait donné à Wilmot pour le conduire à Londres lui avait rapporté, à son retour, que ce seigneur, désespérant d'y parvenir à travers la foule de soldats dont tous les chemins étaient remplis, s'était arrêté sur la route chez un gentil-

---

(1) J'ai vu moi-même, en 1783, à Londres, tous les gens du peuple porter à leurs chapeaux des branches de chêne, le jour où l'on célèbre la mémoire de cet événement.

homme du parti royal, nommé Witgrave, où il était en sûreté. Charles forma le projet de s'y faire conduire; et il eut le bonheur d'y arriver, malgré mille périls qu'il eut à courir.

Charles, en se livrant à la joie de retrouver Wilmot, n'avait pas encore eu le temps de délibérer avec lui sur la route et le parti qu'ils devaient prendre, lorsqu'une compagnie de soldats parut devant la maison de Witgrave avec l'intention de la visiter. La résistance était hors de saison. Witgrave fit cacher ses hôtes, et ouvrit en même temps ses portes d'un air si libre et si serein, qu'il fit perdre aux soldats l'envie de faire une plus exacte recherche. On apprit bientôt qu'il s'en était fait une nouvelle dans le monastère de Witlad, et que le chef de la troupe avait porté plusieurs fois le pistolet sur la gorge de celui des Penderel qui habitait cette maison, pour l'obliger à lui déclarer où le roi s'était retiré.

Le péril augmentant de jour en jour, Charles quitta le dessein de rester plus long-temps en Angleterre, et résolut de s'approcher le plus près qu'il pourrait de la mer, pour être plus à portée de s'embarquer à la première commodité. On engagea dans la partie le colonel Lane, zélé royaliste, établi à Bentley, qui n'était éloigné que de quelques milles. Le roi s'étant fait tant de mal aux pieds, en marchant avec des bottes pesantes ou de gros souliers qui n'avaient pas été faits pour lui, qu'il fut obligé de monter à cheval. Il se rendit à Bentley accompagné de Wilmot et des quatre Penderel qui lui

Tome 2. L'AMI DES ADOLESCENS. Page 362

Comme il tenait le pied du cheval, le maréchal lui demanda si le roi n'était pas pris.

avaient été si fidèles. Lane proposa un moyen de le faire passer à Bristol; où l'on pouvait espérer de trouver quelque vaisseau dans lequel il ne tarderait pas à s'éloigner. Cet officier avait, à trois milles de Bristol, une parente, nommée mistriss Northon, qui était alors dans une grossesse fort avancée. Il obtint un passeport, précaution sans laquelle on ne voyageait point dans ces temps de troubles, pour sa sœur et pour un domestique, sous prétexte de visiter leur parente aux environs de Bristol. Le roi partit à cheval et marcha devant le chaise de miss Lane dont il passa pour le domestique. Wilmot menant des chiens en lesse et portant un faucon sur le poing, se donna pour un chasseur de leurs amis qui les avait rencontrés.

Durant ce voyage, qui ne fut que de trois jours, le roi eut diverses aventures dont la plupart étaient bien capables de lui causer de grandes frayeurs. Il n'avait encore fait que de six milles, lorsque son cheval s'étant déferré, il alla lui-même au premier village pour lui faire mettre un fer, ne voulant pas démentir le personnage qu'il avait à représenter. Comme il tenait le pied du cheval, le maréchal lui demanda des nouvelles du temps, et si le roi n'était pas pris. Charles répondit sans altération qu'il n'en avait pas ouï parler, et que ce prince était sans doute retourné en Écosse. Je ne le crois pas, repartit le maréchal. J'imaginerais plutôt qu'il est caché en Angleterre. Quelque part qu'il soit, je voudrais le savoir. Le parlement a fait publier qu'on donnerait mille livres sterling à celui qui le découvrirait.

Cet entretien pénible ayant pris fin avec l'opération, la troupe se remit en marche et continua son chemin jusque proche d'Évesham, où, sur le point de passer une rivière à gué, l'on aperçut tout-à-coup des chevaux sellés de l'autre côté de l'eau. Charles était d'avis de passer tout droit; mais sa suite, moins intrépide, le fit enfin consentir à prendre un détour. On se trouvait encore à la vue des soldats qu'on avait cru éviter. Mais le prince montra une contenance si hardie, et son équipage parut si naturellement celui d'une famille de campagne qui faisait une visite dans le voisinage, que les soldats, occupés en ce moment à le chercher, n'en conçurent pas la moindre défiance.

En arrivant chez mistriss Northon, miss Lane lui dit qu'elle avait amené pour la servir un pauvre jeune homme, fils d'un paysan de son voisinage, que la fièvre avait saisi en route, et demanda pour lui une chambre séparée. Charles s'y retira et n'en sortit point. Mais un valet de la maison, nommé Pope, le reconnut; et, s'étant jeté à ses pieds : C'est vous, sire, lui dît-il; je vous ai vu dans votre plus tendre jeunesse, et je n'ai pas été long-temps à me remettre vos traits. Si je puis vous servir, éprouvez mon zèle et comptez sur ma fidélité. Charles fut surpris et embarrassé de cette nouvelle aventure. Il voyait un péril égal à se confier à un inconnu, et à marquer de la défiance à un homme qui pouvait s'éclaircir. Dans une telle perplexité, l'air sincère de la personne qui lui parlait le décida à s'ouvrir. L'événement fit voir qu'il en avait bien jugé. Pope rendit de grands services au roi, et ne fut pas un de ceux qui contribua le moins à son salut, en lui indiquant pour retraite le château du colonel Windham, où ce prince passa dix-neuf jours, en attendant qu'on lui eût trouvé une occasion pour s'embarquer.

Ce n'était pas une chose aisée dans les précautions qu'on prenait pour ne point recevoir de gens inconnus. Il était même dangereux de se présenter, les maîtres de vaisseaux et des barques soupçonnant tous ceux qu'ils ne connaissaient pas d'être le roi, et craignant les peines prononcées contre ceux qui refuseraient de le découvrir. Il courut un bruit de sa mort qui aurait assuré sa vie s'il eût duré plus long-temps. Il l'apprit par le son des cloches et par les réjouissances publiques qu'on en fit dans les bourgades voisines; mais ce bruit se dissipa trop vite, et ne diminua point les difficultés qu'il trouvait à son embarquement, malgré tous les soins que Windham se donnait pour lui en procurer un favorable.

Un marchaud nommé Esden, venait de faire passer la mer au lord Barclay, qui fuyait la persécution des parlementaires. Windham, qui connaissait le marchand, courut le trouver à Lyme, où il faisait son séjour, et le conjura de rendre le même service à un seigneur de ses amis, qui ne menait avec lui de tout son train, qu'un valet. Esden le conduisit au village de Carmouth, pour lui faire prendre des arrangemens avec un maître de barque. Il fut convenu que celui-ci viendrait le surlendemain prendre ses passagers dans un endroit écarté. Le roi fut exact à l'heure du rendez-vous ; mais la barque ne parut point. On apprit que la veille il y avait eu une foire à Lyme, où l'on avait publié l'ordonnance du parlement contre ceux qui cacheraient le roi. La femme du patron, instruite par son mari qu'il devait passer en France des gens qu'il ne lui nommait pas, s'y était fortement opposée ; et, pour l'en mieux empêcher, elle l'avait enfermé sous clef lorsqu'il prenait dans sa chambre quelques hardes nécessaires au voyage.

La crainte que cet incident ne devînt public, obligea Charles de quitter la maison de Windham, sans trop savoir où porter ses pas. Il marcha du côté de Dorcester, toujours accompagné de Wilmot, Windham, avec un de ses valets, leur servant de guides. Un fer, qui vint à manquer en chemin au cheval de Wilmot, pensa faire découvrir le roi. On avait envoyé ferrer le cheval dans un bourg où ils s'étaient arrêtés à l'entrée de la nuit. Le maréchal demanda au valet d'écurie d'où venaient ces voyageurs. Le valet ayant répondu qu'ils s'étaient annoncés comme venant d'Exeter : Ils vous trompent, reprit le maréchal d'un air mystérieux ; les derniers fers qu'on a mis au cheval ont été forgés du côté de l'Écosse. Ce commencement d'entretien ayant fait faire réflexion au valet que les quatre cavaliers n'avaient pas voulu qu'on ôtât la selle à leurs chevaux, et qu'eux-mêmes ne s'étaient pas couchés, il en conclut d'abord qu'apparemment c'étaient des gens de qualité de l'armée du roi défaite à Worcester, et ensuite que ce pourrait bien être le roi lui-même. Sur cette conjecture, il alla trouver le ministre du bourg, parlementaire fort zélé, et lui fit part de ses soupçons. Le ministre était occupé en ce moment à faire des prières qu'il ne voulut pas interrompre. Mais le bruit de cette aventure, que le maréchal raconta de son côté, s'étant répandu, le ministre prit feu et avertit le juge de paix. Là-dessus on court aux armes, on fait des recherches, et l'on détache une compagnie sur la route que venait de prendre les cavaliers. Le roi ne pouvait leur échapper si, au lieu de prendre le grand chemin, il ne s'en fût détourné brusquement pour se rendre par des routes de traverse à Salisbury.

On ne peut assez admirer comment il ne fut pas reconnu dans le reste de sa course. Tout le pays était plein de troupes en marche; à chaque instant il s'en trouvait environné; il n'entrait pas dans une hôtellerie qu'il n'y vît arriver des soldats, des officiers, des compagnies entières. Prêt à mettre le pied dans un vaisseau qu'on lui avait trouvé à Southampton, il survint un bataillon de soldats destinés pour Jersey, qui s'en empara sous ses yeux. Enfin un ami de Wilmot vint à bout de lui fréter une petite barque à Shoreham, assez près de Portsmouth, dans le comté de Sussex, par l'entreprise de Mansell, riche négociant du pays. On se rendit le soir dans un lieu voisin du port, et Charles servit à table Wilmot, qui avait retenu à souper Mansell et Tetershalle, le patron de la barque. Le souper fini, on se disposait à l'embarquement, et le roi croyait n'avoir plus de risques à courir que ceux de la traversée, lorsque le patron, s'adressant à Mansell, dans un moment où il se trouvait seul avec lui : Vous m'avez trompé, lui dit-il, et vous vous êtes joué à me perdre. J'ai reconnu le roi dans ce valet déguisé. Mansell, qui paraissait l'ignorer lui-même, employa tous ses efforts pour le faire revenir de cette idée. Wilmot les entendit ; et, s'approchant du patron, il lui donna tant d'argent et de promesses qu'il surmonta sa résistance. Tetershall courut aussitôt chez lui, et demanda d'un air empressé des hardes et des provisions à sa femme. Vous avez grande hâte, lui dit-elle, pourquoi ne pas attendre à demain? et, comme il la pressa encore plus : Allez, ajouta-t-elle, je vois bien que c'est pour le roi. Dieu vous conduise, et lui aussi. L'entreprise est dangereuse; mais pourvu que vous le sauviez, je consens à mendier toute ma vie mon pain et celui de mes enfans. Animé par ces mots, Tetershall alla donner les ordres nécessaires pour que sa barque fût en état de mettre à la voile le lendemain vers les cinq heures du matin. Elle vint prendre le roi à l'endroit convenu ; les adieux du prince à ses fidèles amis furent fort tendres. Mansell s'approchant de lui le dernier, lui prit la main; et, la baisant avec ardeur : J'ai bien voulu, sire, lui dit-il, que votre majesté me trompât; je prie Dieu qu'elle arrive à bon port, et qu'elle revienne bientôt en paix dans ses royaumes. Charles lui répondit en souriant qu'il se souviendrait alors d'un service rendu de si bonne grâce. La barque s'éloigna bientôt du rivage, et vogua pendant tout le jour d'un cours si heureux, qu'elle arriva la nuit à Fécamp, d'où le roi se rendit à Paris le 30 octobre 1651.

FIN DU TOME SECOND.

TABLE GÉNÉRALE
DE
L'AMI DES ADOLESCENS.

TOME PREMIER.

Le Procès........................... *Pages*	5
Le temps perdu et regagné..............	10
François et Antonin...................	18
L'Orgueil puni.......................	30
L'Accroissement de famille............	35
Antoine et son Chien..................	42
La Rente du chapeau..................	54
La première Épreuve du courage........	58
L'Inconstant.........................	66
La flatterie.........................	86
Couplet de Caroline...................	98
Lettre italienne en *a e i o u*	99
La Caverne de Castle-Town............	100
Les jeunes Époux.....................	108
Le Paysan bienfaiteur de son pays.....	111
Relation d'un naufrage................	131
Lettres..............................	184
Pythias et Damon, drame..............	197
Le Siége de Colchester, drame.........	219
Préambule...........................	221
Reddition de Colchester...............	257
Les jeunes Officiers à la garnison, drame	265

TOME DEUXIÈME.

La Sœur-Maman, drame................	5
L'honnête Fermier, drame..............	59
Charles II, drame.....................	185
Aventures de Charles II dans sa fuite..	304

FIN DE LA TABLE.

www.ingramcontent.com/pod-product-compliance
Lightning Source LLC
Chambersburg PA
CBHW071256160426
43196CB00009B/1308